Vivre sa foi au quotidien

Henri J. M. Nouwen

Vivre sa foi au quotidien

NOVALIS

Vivre sa foi au quotidien
est la traduction de *Here and Now. Living in the Spirit*, publié par Crossroad, 1994.

Couverture: Katherine Sapon.

Maquette: Gilles Lépine.

Traduction: Marcel Pronovost.

Révision: Claude Auger, Josée Latulippe.

Les textes bibliques sont tirés de *La Bible en français courant*.
© Société biblique française, 1982.
Avec l'autorisation de la Société biblique canadienne.

© 1996 Novalis, Université Saint-Paul, Ottawa.

Dépôts légaux: 1er trimestre 1996
Bibliothèque nationale du Canada
Bibliothèque nationale du Québec

Novalis, C.P. 990, Outremont (Québec) H2V 4S7

ISBN: 2-89088-780-4

Imprimé au Canada

Réimpression : 1999

Données de catalogage avant publication (Canada)

Nouwen, Henri J. M.

Vivre sa foi au quotidien
Traduction de : Here and Now.
ISBN 2-89088-780-4

1. Vie spirituelle – Église catholique – Méditations.
2. Joie – Aspect religieux – Église catholique – Médita-tions. 3. Souffrance – Aspect religieux – Église catho-lique – Méditations. I. Titre.

BX2182.2.N6814   1996   248.4'82   C96-940234-1

NOVALIS

Remerciements

Trois amis m'ont grandement aidé dans la préparation de ce livre: Kathy Christie, qui a tapé et retapé le manuscrit de plusieurs façons et sous diverses formes, Conrad Wieczorek, qui a consacré beaucoup de temps à corriger mon texte, et Bob Heller, qui a choisi les thèmes et qui a donné à ce livre sa forme définitive. Je leur suis très reconnaissant de leur compétence, de leur gentillesse et de leur générosité.

Je dois également remercier de manière particulière Peggy McDonnell, sa famille et ses amis qui, en mémoire de Murray McDonnell, m'ont offert l'appui dont j'avais besoin pour trouver l'endroit et le temps de rédiger ces méditations.

Je tiens finalement à exprimer toute ma gratitude à Bart et Patricia Gavigan et à Franz et Reny Johna, toujours prêts à m'offrir un second chez-moi.

Introduction

Un jour, je me suis assis à mon bureau et j'ai commencé à écrire mes pensées et mes sentiments à mesure qu'ils jaillissaient de mon esprit et de mon cœur. Si on fait abstraction de la Bible, je n'avais aucun livre à citer. Une fois attelé à la tâche, j'ai été surpris de constater avec quelle facilité j'écrivais. Il me semblait que chaque pensée en amenait une nouvelle et que chaque sentiment en faisait naître un autre. C'est devenu pour moi un long examen de conscience, une profession de foi prolongée et une série de regards portés en direction du Royaume de Dieu. Je me suis rendu compte que j'écrivais sur moi, sur mes amis, sur les membres de ma famille et sur mon Dieu, et que toutes ces personnes étaient reliées entre elles par des liens complexes.

Plusieurs des choses que j'ai écrites ont toujours fait partie de ma vie; plusieurs autres ont fait l'objet d'une prise de conscience spirituelle depuis quelques années, et plusieurs encore se sont révélées comme des nouveautés et des surprises à mesure que j'écrivais ces méditations. Je n'ai pas essayé d'être original mais d'être authentique. Je n'ai pas tenté de dire des choses que je n'avais jamais dites auparavant, mais des choses importantes pour moi. Je n'ai pas essayé d'écrire un nouveau livre, mais de méditer sur la vie telle que j'essaie de la vivre. Certaines des réflexions de ce livre ont déjà été publiées; d'autres sont inédites. Mais elles sont toutes l'expression de mon état d'esprit actuel et de celui de mon cœur.

Les diverses méditations que l'on retrouve ici sont indépendantes les unes des autres. On peut les lire séparément. J'ai tout de même tenté de les rassembler autour de grands thèmes afin que se dégage d'une lecture suivie une vision cohérente de la vie spirituelle. C'est comme une mosaïque: chaque petite pierre a sa propre signification, mais ensemble, et vues d'une certaine distance, elles montrent quelque chose de nouveau qu'aucune d'entre elles ne peut montrer isolément.

J'espère, et je prie pour cela, que vous tous qui lirez ces méditations découvrirez plusieurs points communs avec votre propre cheminement spirituel, même si celui-ci est très différent du mien. J'espère que ces points communs vous feront découvrir que nous sommes tous du même voyage vers la Lumière, nous encourageant mutuellement à garder les yeux fixés sur Celui qui nous appelle à la maison.

Chapitre I

Vivre au présent

1– Un nouveau départ

Un nouveau départ! Nous devons apprendre à vivre chaque jour, chaque heure, et même chaque minute comme un nouveau départ, comme une chance unique de tout renouveler. Imaginez si nous pouvions vivre chaque moment comme s'il était source d'une nouvelle vie. Imaginez si nous pouvions vivre chaque jour comme un moment plein de promesses. Imaginez si nous pouvions commencer une nouvelle année en écoutant toujours une voix qui nous dit: «J'ai un cadeau pour toi et j'ai bien hâte de te le donner!» Imaginez!

Est-il possible que notre imagination puisse nous conduire à la vérité de notre vie? Oui, c'est possible! Mais malheureusement, nous permettons à notre passé, qui s'allonge d'année en année, de nous dire: «Tu connais tout cela, tu as déjà vu tout cela, sois réaliste; l'avenir ne sera qu'une répétition du passé. Essaie de survivre du mieux que tu peux.» Il y a plusieurs renards rusés qui nous montent sur l'épaule et nous chuchotent à l'oreille ce grand mensonge: «Il n'y a rien de nouveau sous le soleil... ne te laisse pas berner.»

Lorsque nous prêtons l'oreille à ces renards, ils finissent par avoir raison: la nouvelle année, la nouvelle journée, l'heure nouvelle perdent de leur intérêt, elles deviennent ennuyeuses, mornes, sans possibilité de renouveau.

Alors, que devons-nous faire? Il nous faut d'abord renvoyer ces renards d'où ils viennent, c'est-à-dire dans leur tanière. Nous devrons ensuite ouvrir notre esprit et notre cœur à la voix qui résonne dans notre vie: «Maintenant la demeure de Dieu est parmi les hommes! Il demeurera avec eux et ils seront son peuple. Dieu lui-même sera avec eux et il sera leur Dieu. Il essuiera toute larme de leurs yeux. Il n'y aura plus de mort, il n'y aura plus ni deuil, ni lamentations, ni douleur. Les choses anciennes auront disparu» (Apocalypse 21, 2-5).

Il nous faut choisir d'écouter cette voix, et chaque choix que nous ferons nous permettra de découvrir davantage la vie nouvelle cachée dans chaque moment, attendant de naître avec impatience.

2– Sans «J'aurais dû» ni «Et si»

Il est difficile de vivre au présent. Le passé et l'avenir ne cessent de nous harceler. Le passé le fait avec son cortège de regrets et l'avenir avec ses inquiétudes. Dans notre vie, tant de choses ont contribué à nous rendre hésitants, à nous remplir de regrets, de colère, de confusion ou, du moins, de sentiments ambivalents. Et tous ces sentiments sont souvent colorés de culpabilité. Culpabilité qui nous fait dire: «J'aurais dû faire autre chose, j'aurais dû dire autre chose.» Tous ces «j'aurais dû» entretiennent notre culpabilité face au passé et nous empêchent de vivre pleinement le moment présent.

Mais il y a pire que la culpabilité: il y a les inquiétudes. Nos inquiétudes remplissent nos vies de «et si»: «Et si je perdais mon emploi, et si mon père mourait, et si je manquais d'argent, et si l'économie s'effondrait, et si la guerre éclatait...» Tous ces «et si» peuvent tellement meubler notre esprit que nous devenons aveugles aux fleurs du jardin ou aux sourires des enfants que nous rencontrons dans la rue, sourds à la voix reconnaissante d'un ami.

Les véritables ennemis de notre vie sont les «j'aurais dû» et les «et si». Ils nous plongent dans un passé immuable et nous tirent vers un avenir imprévisible. Mais la vraie vie, c'est ici et maintenant qu'elle se vit. Dieu est un dieu du présent. Il est toujours dans le moment présent, que ce moment soit difficile ou facile, joyeux ou triste. Lorsque Jésus parlait de Dieu, il parlait toujours d'un Dieu présent là où nous sommes et dans ce que nous vivons. «Quand vous me regardez, vous voyez Dieu. Quand vous m'écoutez, vous entendez Dieu.» Dieu n'est pas un être qui a existé ou qui existera; il est «Celui qui est» et qui existe pour moi, en ce moment. C'est pourquoi Jésus est venu pour faire disparaître le fardeau du passé et les inquiétudes devant l'avenir. Il veut nous faire découvrir Dieu là où nous sommes, ici et maintenant.

3– Les anniversaires

Les anniversaires demandent à être célébrés. Je crois qu'il est plus important de souligner un anniversaire qu'un examen réussi, une promotion ou une victoire. Car le fait de célébrer l'anniversaire de quelqu'un, c'est lui dire: «Merci d'être toi.» Célébrer un anniversaire, c'est exalter la vie et en être heureux. À un anniversaire, nous ne disons pas: «Merci pour ce que tu as accompli, ou ce que tu as dit, ou ce que tu as fait», mais plutôt: «Merci d'être né et d'être présent parmi nous.»

Célébrer un anniversaire, c'est célébrer le présent. Nous ne déplorons pas ce qui s'est passé et nous ne spéculons pas sur ce qui va arriver; nous célébrons quelqu'un et permettons à tous de lui dire: «Nous t'aimons.»

Je connais un ami qui, à son anniversaire, se fait transporter par ses amis dans la salle de bains et se fait précipiter tout habillé dans la baignoire remplie d'eau. Tout le monde attend son anniversaire avec impatience, même lui. J'ignore d'où vient cette tradition, mais il me semble que se faire soulever de terre et re-baptiser est un très bon moyen de célébrer sa vie. Nous prenons ainsi conscience que, même s'il nous faut garder les pieds sur terre, nous avons été créés pour atteindre le ciel et que, bien que nous nous salissions facilement, nous pouvons toujours nous laver, nous pouvons toujours repartir à neuf.

Célébrer un anniversaire nous rappelle la bonté de la vie, et c'est dans cet esprit que nous devons célébrer l'anniversaire des gens jour après jour, en leur témoignant de la gratitude, de la bonté, du pardon, de la gentillesse et de l'affection. Ce sont là d'autres façons de dire: «Il est bon que tu sois vivant, que tu marches avec moi sur cette terre. Soyons heureux et réjouissons-nous. Voici le jour dont Dieu nous a fait don pour que nous existions, et que nous existions ensemble.»

4– Ici et maintenant

Pour vivre au présent, nous devons croire sincèrement que l'important est l'*ici* et le *maintenant*. Nous nous laissons sans cesse distraire par des événements du passé ou par ce qui pourrait arriver dans l'avenir. Il n'est pas facile de rester ancré dans le présent. Notre esprit est difficile à contrôler et il ne cesse de nous attirer loin du moment présent.

La prière, c'est la discipline du moment présent. Quand nous prions, nous entrons en présence de Dieu dont le nom est Dieu-avec-nous. Prier, c'est écouter attentivement celui qui nous parle ici et maintenant. Lorsque nous osons croire que nous ne sommes jamais seuls mais que Dieu est toujours avec nous, qu'il s'occupe de nous et qu'il nous parle sans cesse, alors il nous est possible de nous détacher progressivement des voix qui nous rendent coupables et inquiets, et ainsi nous permettre de vivre le moment présent. C'est un défi difficile à relever, car il n'est pas évident de faire totalement confiance à Dieu. La plupart d'entre nous nous méfions de Dieu. La plupart d'entre nous imaginons Dieu comme une autorité effrayante et punitive, ou comme un néant vide et impuissant. Le message central de Jésus est que Dieu n'est ni une mauviette impuissante ni un patron tout-puissant, mais un amoureux, dont l'unique désir est de nous donner ce que notre cœur désire le plus.

Prier, c'est écouter cette voix de l'amour. Voilà en quoi consiste l'obéissance. Le mot obéir vient du latin *ob-audire*, qui signifie écouter très attentivement. Si nous n'écoutons pas, nous devenons sourds à la voix de l'amour. Le mot latin pour sourd est *surdus*. Être complètement sourd, c'est être *absurdus*, oui, absurde. Lorsque nous cessons de prier, nous cessons d'écouter la voix de l'amour qui nous parle au présent, nos vies deviennent absurdes et nous nous laissons ballotter entre le passé et l'avenir.

Si nous pouvions, ne serait-ce que quelques minutes par jour, être entièrement là où nous nous trouvons, nous réaliserions que nous ne sommes pas seuls et que celui qui nous accompagne ne cherche qu'une chose: nous donner son amour.

5– «Retire-toi dans ta chambre»

Pour pouvoir écouter la voix de l'amour, il faut concentrer notre cœur et notre esprit sur cette voix. Comment le faire? Selon moi, la meilleure manière est la suivante: prendre une prière simple, une phrase ou un mot, et le répéter lentement. Nous pouvons utiliser le Notre Père, la prière de Jésus, le nom de Jésus, ou tout autre mot qui nous rappelle l'amour de Dieu, et le placer au centre de notre âme, comme une chandelle éclairant un coin obscur.

Il est clair que nous serons distraits. Nous nous mettrons à penser à ce qui est arrivé la veille ou à ce qui se passera le lendemain. Nous tiendrons de longues discussions imaginaires avec nos amis ou nos ennemis. Nous planifierons notre journée du lendemain, préparerons notre prochaine conférence ou organiserons notre prochaine réunion. Mais, tant et aussi longtemps que nous tiendrons allumée la chandelle dans l'obscurité de notre âme, nous pourrons y retourner et reconnaître la présence de celui qui nous offre ce que nous désirons le plus.

Cette expérience n'est pas toujours satisfaisante. Nous sommes parfois tellement agités et incapables de trouver la paix intérieure que nous avons hâte de retourner dans le feu de l'action, évitant ainsi de nous confronter au chaos qui règne dans notre esprit et dans notre cœur. Cependant, lorsque nous nous disciplinons à le faire, même pendant une dizaine de minutes par jour, nous parvenons à voir progressivement — à la lueur de notre prière —

qu'il y a un endroit en nous où Dieu demeure et où il nous invite à demeurer avec lui. Une fois que nous avons découvert cet endroit intérieur, sacré, plus beau et plus précieux que tout endroit au monde, nous voulons nous y retrouver pour être nourris spirituellement.

6– Avec d'autres

En priant, nous découvrons entre autres que plus nous nous rapprochons de Dieu, plus nous nous rapprochons aussi de nos frères et sœurs humains. Notre Dieu ne nous est pas exclusif. Ce Dieu qui demeure au plus profond de notre sanctuaire est le même qui habite aussi dans le sanctuaire de chaque être humain. À mesure que nous reconnaissons la présence de Dieu dans notre propre cœur, nous pouvons également la découvrir dans le cœur des autres, parce que ce Dieu qui nous a choisis pour demeure nous donne des yeux pour le reconnaître dans les autres. Quand nous ne voyons que des démons en nous-même, c'est tout ce que nous voyons dans les autres; mais lorsque c'est Dieu que nous voyons en nous, nous voyons aussi Dieu dans les autres.

Ceci peut sembler plutôt théorique mais, quand nous prierons, nous sentirons de plus en plus que nous faisons partie de la famille humaine rassemblée par Dieu, qui nous a créés pour partager, avec chacun de nous, sa lumière divine.

Nous nous demandons souvent ce que nous pouvons faire pour les autres, surtout pour ceux et celles qui sont le plus dans le besoin. Ce n'est pas une marque d'impuissance que de dire: «Nous devons prier les uns pour les autres.» Prier les uns pour les autres, c'est d'abord et avant tout reconnaître devant Dieu que nous nous appartenons mutuellement en tant qu'en-fants d'un même Dieu. Sans l'acceptation de cette solidarité humaine, rien de ce que nous faisons les uns pour les autres n'exprime l'être que nous sommes réellement. Nous sommes des frères et des sœurs, non des compétiteurs et des rivaux. Nous sommes les enfants d'un même Dieu, non des partisans de dieux différents.

Prier, c'est-à-dire écouter la voix de celui qui nous appelle ses bien-aimés, c'est accepter que cette voix n'exclue personne. Là où j'ha-bite, Dieu habite avec moi; là où Dieu habite avec moi, je trouve tous mes frères et sœurs. C'est pourquoi l'intimité avec Dieu et la solida-rité avec les autres sont deux aspects inséparables d'une vie au présent.

7– Le moyeu de la vie

Dans mon pays natal, les Pays-Bas, on peut encore voir plusieurs grandes roues de chariot, non pas attachées à des chariots, mais comme décoration à l'entrée de fermes ou sur les murs de restaurants. J'ai toujours été fasciné par ces roues de chariot: leurs larges jantes, leurs solides rayons de bois et leurs gros moyeux. Ces roues m'aident à mieux comprendre l'importance de vivre sa vie à partir du centre. Lorsque je déplace mon doigt le long de la jante, je ne peux toucher qu'un seul rayon à la fois, mais quand je demeure au centre, je suis en contact avec tous les rayons en même temps.

Prier, c'est se déplacer au centre de toute vie et de tout amour. Plus je me rapproche du moyeu de la vie, plus je me rapproche de tout ce qui en reçoit son énergie et sa puissance. J'ai tendance à me laisser tellement distraire par la diversité des rayons de la vie que je m'occupe de toutes sortes de choses, sans me concentrer sur aucune, au lieu d'y insuffler la vie. En portant mon attention au cœur de la vie, je m'associe à toute sa richesse tout en restant fixé sur le centre. Que représente le moyeu? Pour moi, il symbolise mon propre cœur, le cœur de Dieu et le cœur du monde. Lorsque je prie, j'entre au plus profond de mon cœur pour y trouver celui de Dieu qui me parle d'amour. Et je reconnais là l'endroit où mes frères et sœurs sont en communion entre eux. En effet, le grand paradoxe de la vie spirituelle, c'est que le plus personnel est le plus universel, le plus intime est le plus collectif, le plus contemplatif est le plus actif.

La roue de chariot nous montre que le moyeu est le centre de toute énergie et de tout mouvement, même si parfois rien ne semble bouger. C'est en Dieu que se trouvent réunis toute action et tout repos. Dans la prière aussi!

Chapitre II

La joie

1– La joie et le chagrin

La joie est essentielle à la vie spirituelle. Quoi que nous puissions penser ou dire au sujet de Dieu, ces pensées et ces paroles ne peuvent pas porter de fruit quand nous sommes sans joie. Jésus nous révèle l'amour de Dieu pour que sa joie devienne nôtre et pour que notre joie soit parfaite. La joie est l'expérience de se savoir aimé sans condition et de savoir que rien — ni la maladie, ni les échecs, ni la détresse émotive, ni l'oppression, ni la guerre, ni même la mort — ne peut nous l'enlever.

La joie est différente du bonheur. Il se peut que nous soyons malheureux à cause d'une foule de choses, mais nous pouvons quand même éprouver de la joie car celle-ci vient du fait que nous nous savons aimés Dieu. Nous sommes portés à croire que, lorsque nous sommes tristes, nous ne pouvons pas être joyeux, mais dans la vie d'une personne centrée sur l'amour de Dieu, la tristesse et la joie peuvent coexister. Ce n'est pas facile à comprendre. Cependant, quand nous pensons à certaines de nos expériences humaines les plus profondes, comme être présent à la naissance d'un enfant ou à la mort d'un ami, nous réalisons qu'une grande tristesse et une joie intense semblent s'y rejoindre. Nous découvrons souvent de la joie au milieu de la peine. Je me souviens de mes expériences les plus douloureuses comme d'occasions de découvrir une réalité spirituelle beaucoup plus grande que moi, une réalité qui m'a permis de vivre cette peine dans l'espérance. J'ose même dire: «Mon chagrin a été l'endroit où j'ai trouvé la joie.» Mais rien n'arrive automatiquement dans la vie spirituelle. La joie ne s'insinue pas dans nos vies. Il faut la choisir et refaire ce choix jour après jour. Nous pouvons faire ce choix parce que nous savons que nous appartenons à Dieu, que nous avons trouvé en lui notre refuge et notre sécurité, et que rien, pas même la mort, ne peut nous séparer de Dieu.

2– Le choix

Il peut sembler étrange d'affirmer que la joie résulte de nos choix. Nous nous imaginons souvent que certaines personnes sont plus chanceuses que d'autres et que leur joie ou leur peine dépend des circonstances de leur vie, sur lesquelles elles n'exercent aucun contrôle.

Mais nous avons le choix, non pas des circonstances de notre vie, mais de la manière dont nous réagissons à ces circonstances. Deux personnes peuvent être victimes d'un même accident. L'une d'entre elles en éprouvera du ressentiment; l'autre y trouvera une occasion d'exprimer sa reconnaissance. Elles subissent les mêmes circonstances extérieures, mais leurs réactions sont complètement différentes. Des gens deviennent amers avec les années. D'autres vieillissent dans la joie. Cela ne veut pas dire que la vie des gens amers a été plus difficile que celle des gens joyeux. Cela signifie uniquement que des choix différents ont été faits, des choix du cœur.

Il est important de se rendre compte qu'à chaque instant de notre vie nous avons l'occasion de choisir la joie. La vie possède plusieurs facettes. Chaque expérience possède son côté joyeux et son côté triste. C'est pourquoi nous avons toujours le choix de vivre le moment présent comme une occasion de ressentiment ou de joie. C'est dans ce choix que repose notre véritable liberté, et cette liberté est, en définitive, la liberté d'aimer.

C'est peut-être une bonne idée de nous demander comment nous pouvons développer notre capacité de choisir la joie. Peut-être pouvons-nous consacrer un instant à la fin de chaque journée pour décider de nous souvenir de ce jour — peu importe ce qui s'est passé — comme d'un jour pour lequel nous sommes reconnaissants. Ce faisant, nous augmentons notre capacité de choisir la joie. À mesure que notre cœur devient plus joyeux, nous deviendrons, sans effort particulier, source de joie pour les autres. Tout comme la tristesse engendre la tristesse, la joie engendre la joie.

3– Parler du soleil

La peine est contagieuse; la joie l'est aussi. J'ai un ami qui rayonne de joie, non pas que sa vie soit particulièrement facile, mais parce qu'il reconnaît habituellement la présence de Dieu dans toute souffrance humaine, dans la sienne et dans celle des autres. Où qu'il aille, quelle que soit la personne qu'il rencontre, il est capable de voir et d'entendre quelque chose de beau, quelque chose pour lequel il peut être reconnaissant. Il ne nie pas les grandes souffrances qui l'entourent; il n'est ni aveugle au spectacle ni sourd aux cris déchirants de ses frères et sœurs humains, mais son esprit se tourne vers la lumière dans les ténèbres et des prières au milieu des cris de désespoir. Ses yeux sont affectueux, sa voix est douce. Il n'y a chez lui rien de sentimental. Il est réaliste, mais sa foi profonde lui permet de voir que l'espérance est plus vraie que le désespoir, la foi plus vraie que la méfiance, et l'amour plus vrai que la peur. C'est ce réalisme spirituel qui le rend si joyeux.

Chaque fois que je le rencontre, je suis tenté d'attirer son attention sur les guerres entre les nations, sur la famine des enfants, sur la corruption des politiciens et sur la supercherie de certaines personnes, tentant ainsi de le confronter avec l'état de brisure du genre humain. Mais chaque fois que j'essaie de le faire, il me regarde avec ses yeux doux remplis de compassion et me dit: «J'ai vu deux enfants qui partageaient un croûton de pain, j'ai entendu une femme qui disait "merci" en souriant lorsque quelqu'un a étendu une couverture sur son corps. Ces gens pauvres m'ont redonné du courage pour vivre ma vie.»

La joie de mon ami est contagieuse. Plus je suis en sa présence, plus j'entrevois le soleil à travers les nuages. Oui, je sais que le soleil existe, même si le ciel est couvert de nuages.

Alors que mon ami me parlait toujours du soleil, je me concentrais sur les nuages, jusqu'au jour où je me suis rendu compte que c'est le soleil qui me permet de voir les nuages.

Ceux qui parlent sans cesse du soleil tout en marchant sous un ciel nuageux sont des messagers d'espérance, les véritables saints de notre époque.

4– Surpris par la joie

Sommes-nous surpris par la joie ou par la peine? Le monde où nous vivons veut nous surprendre par la peine. Les journaux ne cessent de parler d'accidents de circulation, de meurtres, de conflits entre individus, groupes et nations, et la télévision nous remplit l'esprit d'images de haine, de violence et de destruction. Et nous nous disons les uns aux autres: «As-tu vu ça, as-tu entendu ça... n'est-ce pas terrible... qui l'aurait cru?» En effet, les puissances des ténèbres veulent continuer à nous surprendre avec la misère humaine. Mais ces surprises nous paralysent et elles nous convainquent de mener une existence où notre principale préoccupation est de survivre au beau milieu d'une vallée de larmes. En nous faisant croire que nous sommes les survivants d'un naufrage, nous agrippant désespérément à un morceau de bois flottant, nous acceptons progressivement d'assumer notre rôle de victimes condamnées à subir les cruelles circonstances de notre vie.

Le grand défi de la foi est de nous laisser surprendre par la joie. Je me souviens d'un moment où j'étais attablé avec des amis; nous discutions de la crise économique du pays. Nous nous lancions des statistiques qui nous rendaient de plus en plus convaincus que les choses allaient de mal en pis. Alors, soudainement, le fils d'un de mes amis, âgé de quatre ans, a ouvert la porte de la salle à dîner et s'est précipité vers son père en disant: «Regarde, papa! Je viens de trouver un petit chaton dans la cour... Regarde: comme il est beau!» Tout en montrant le chaton à son père, il le caressait et le serrait contre son visage. Tout d'un coup, tout a été transformé. Le petit garçon et son chat sont devenus le centre d'attraction. Des sourires, des caresses et des mots tendres ont été échangés. Nous venions d'être surpris par la joie!

Dieu est devenu petit enfant au milieu d'un monde de violence. Sommes-nous surpris par la joie ou nous contentons-nous de dire: «Comme c'est beau, comme c'est doux, mais la réalité est bien différente»? Se pourrait-il que l'enfant nous révèle ce qui compte réellement?

5– La joie et le rire

L'argent et le succès ne nous rendent pas joyeux. En fait, plusieurs personnes riches et qui ont réussi sont toujours anxieuses, craintives, souvent même moroses. Par contre, plusieurs personnes très pauvres ont le rire facile et font souvent preuve d'une grande joie.

La joie et le rire sont le fruit d'une vie vécue en présence de Dieu, dans l'assurance qu'il ne vaut pas la peine de s'en faire pour demain. Je suis toujours étonné de constater que les riches ont beaucoup d'argent, tandis que les pauvres ont beaucoup de temps. Et lorsqu'on a beaucoup de temps, on peut célébrer la vie. Il n'existe aucune raison d'idéaliser la pauvreté, mais lorsque je lis la crainte et les soucis sur le visage des personnes qui possèdent tous les biens du monde, je comprends mieux les paroles de Jésus: «Comme il est difficile pour un riche d'entrer dans le Royaume de Dieu.» Ce n'est pas l'argent ni même le succès qui posent problème, c'est l'absence de temps libre permettant de rencontrer Dieu dans le moment présent et d'admirer la vie pour sa simplicité faite de beauté et de bonté.

Des petits enfants qui jouent ensemble nous montrent la vraie joie de simplement être ensemble. Un jour, alors que j'étais occupé à interviewer une artiste que j'admire beaucoup, sa petite fille de cinq ans m'a dit: « J'ai fait un gâteau de fête en sable. Viens avec moi et fais semblant que tu le manges et que tu le trouves bon. Ce sera amusant!» Sa mère me dit en souriant: «Tu devrais d'abord jouer avec elle avant de parler avec moi. Peut-être a-t-elle plus de choses à t'apprendre que moi.»

La joie simple et sans détour d'un petit enfant nous rappelle que Dieu est présent là où règnent les sourires et le rire. Ceux-ci nous ouvrent les portes du ciel. C'est pourquoi Jésus nous invite à être comme des petits enfants.

6– Pas de victime

Être surpris par la joie, c'est tout autre chose que l'optimisme béat. L'optimisme est une attitude nous permettant de croire que demain tout ira mieux. Un optimiste dit: «La guerre prendra fin, tes blessures seront guéries, la crise économique va se terminer, l'épidémie va se résorber... Bientôt, tout ira mieux.» Il se peut que l'optimiste ait raison ou qu'il ait tort, mais, dans un cas comme dans l'autre, il n'a aucun contrôle sur les événements.

La joie ne découle pas de prédictions positives sur l'état du monde. Elle ne dépend pas des hauts et des bas de notre vie. La joie repose sur la connaissance spirituelle que, malgré les ténèbres qui enveloppent notre monde, Dieu a vaincu le monde. Jésus le clame haut et fort: «Vous éprouverez des difficultés dans le monde, mais réjouissez-vous, j'ai vaincu le monde.»

La surprise n'est pas que les choses se passent soudainement mieux que nous l'avions imaginé. Non, la vraie surprise, c'est que la lumière de Dieu est plus réelle que les ténèbres, que la vérité de Dieu est plus puissante que tous les mensonges humains, que l'amour de Dieu est plus fort que la mort.

Le monde est sous l'emprise du mal. En effet, le pouvoir des ténèbres mène le monde. Il ne faut donc pas nous surprendre de voir tant de souffrance et de douleur autour de nous. Mais nous devrions nous laisser surprendre par la joie chaque fois que nous voyons que c'est Dieu, et non le Malin, qui a le dernier mot. En venant au monde pour confronter le mal avec la plénitude de la bonté divine, Jésus nous a ouvert le chemin pour vivre dans le monde, non plus comme des victimes, mais comme des hommes et des femmes libres, guidés non pas par l'optimisme mais par l'espérance.

7– Le fruit de l'espérance

Il y a un lien étroit entre la joie et l'espérance. Alors que l'optimisme nous fait vivre comme si un jour, très bientôt, tout ira mieux, l'espérance nous libère du besoin de prévoir l'avenir et nous permet de vivre dans le présent, confiants que Dieu ne nous abandonnera jamais mais qu'il viendra satisfaire les désirs les plus chers de notre cœur.

Dans cette perspective, la joie est le fruit de l'espérance. Lorsque je crois profondément qu'aujourd'hui Dieu est vraiment avec moi, que son étreinte me protège et qu'il guide chacun de mes pas, je peux abandonner mon besoin pressant de savoir comment sera demain, ou ce qui se passera le mois prochain ou l'année prochaine. Je peux vivre pleinement l'instant présent et être attentif aux divers signes de l'amour de Dieu, en moi et autour de moi.

Nous parlons souvent du «bon vieux temps», mais si nous y réfléchissons bien et mettons de côté nos souvenirs idéalisés, nous découvrirons rapidement que, pendant cette période de notre vie, nous nous en faisions beaucoup sur l'avenir.

Lorsque nous sommes profondément confiants qu'aujourd'hui est le jour du Seigneur et que demain repose en sécurité dans l'amour de Dieu, nos visages peuvent se décontracter, et nous pouvons sourire à Celui qui nous sourit.

Je me souviens d'un jour où je marchais sur la plage avec un ami. Nous étions au beau milieu d'une intense discussion sur notre relation, essayant de nous révéler l'un à l'autre et tentant de comprendre nos sentiments mutuels. Nous étions tellement préoccupés par notre débat que nous n'avions pas remarqué le magnifique coucher de soleil jetant ses rayons multicolores sur les vagues écumeuses qui venaient se briser sur la plage déserte.

Soudain, mon ami s'est exclamé: «Regarde le soleil... regarde!» Il a mis son bras autour de mes épaules et nous nous sommes mis à admirer la boule de feu incandescente qui disparaissait lentement derrière la ligne d'horizon de l'immense océan.

À ce moment, nous savions tous deux ce qu'étaient l'espérance et la joie.

8– Au-delà des souhaits

La joie et l'espérance ne viennent jamais l'une sans l'autre. Je n'ai jamais rencontré une personne remplie d'espérance qui était déprimée, ou une personne joyeuse n'ayant plus d'espérance. Mais l'espérance va au-delà des souhaits, et la joie est différente du bonheur. Les souhaits et le bonheur font généralement référence à des choses ou à des événements. On souhaite que la température s'améliore ou que la guerre prenne fin; on souhaite trouver un nouvel emploi, obtenir une augmentation de salaire ou une récompense et, lorsque ce souhait se réalise, on est heureux. Mais l'espérance et la joie sont des dons de l'Esprit, reposant sur une relation intime avec celui qui nous aime d'un amour éternel et qui nous sera toujours fidèle. Nous espérons en Dieu et nous nous réjouissons de sa présence, même lorsque nos nombreux souhaits ne sont pas réalisés et que les événements de notre vie ne nous rendent pas très heureux.

Dans ma vie, certains moments remplis d'espérance et de joie ont également été des occasions de grandes douleurs physiques et émotives. C'est précisément lorsque j'ai fait l'expérience du rejet ou de l'abandon que je me suis senti obligé de crier vers Dieu: «Tu es ma seule espérance! Tu es la source de ma joie!» Devenu incapable de m'accrocher à mes appuis habituels, j'ai découvert que le vrai support et la véritable sécurité résident bien loin des structures de notre monde.

Il nous faut souvent découvrir que ce que nous pensions être de l'espérance ou de la joie n'étaient rien de plus que des désirs égoïstes de succès et de récompenses. Même si cette découverte est pénible, elle peut nous lancer dans les bras de celui qui est la véritable source de toute notre joie et de toute notre espérance.

Chapitre III

La souffrance

1– Accepter la douleur

Dans le monde qui nous entoure, une distinction radicale est faite entre la joie et la peine. Les gens ont tendance à dire: «Lorsqu'on est heureux, on ne peut pas être triste, et lorsqu'on est triste, on ne peut pas être heureux.» En fait, notre société contemporaine fait tout pour garder la tristesse et la gaieté séparées. Le chagrin et la douleur doivent à tout prix être tenus à distance car ils sont opposés à la gaieté et au bonheur auxquels nous aspirons.

La mort, la maladie, la brisure humaine... doivent tous être cachés car ils nous empêchent de profiter du bonheur auquel nous aspirons. Ce sont des obstacles sur la route qui mène au but de notre vie.

La vision offerte par Jésus contredit cette vision du monde. Jésus nous montre, par ses enseignements et par sa vie, que la véritable joie est souvent cachée au beau milieu de notre peine, et que la danse de la vie trouve ses origines dans la douleur. Il dit: «Si le grain de blé ne meurt pas, il ne peut pas porter de fruit... Si nous ne perdons pas notre vie, nous ne pouvons pas la trouver; si le Fils de l'homme ne meurt pas, il ne peut pas envoyer l'Esprit» (cf. Jean 12, 24-25). Aux deux disciples découragés après ses souffrances et sa mort, il dit: «Hommes sans intelligence, comme vous êtes lents à croire tout ce qu'ont annoncé les prophètes! Ne fallait-il pas que le Messie souffre ainsi avant d'entrer dans sa gloire?» (Luc 24, 25-26).

Une toute nouvelle façon de vivre notre vie nous est ici révélée. Il s'agit de vivre en étant capable d'accepter la douleur, non pas par désir de souffrir, mais en sachant que quelque chose de neuf en naîtra. Jésus compare nos douleurs aux «douleurs de l'enfantement». Il dit: «Quand une femme va mettre un enfant au monde, elle est triste parce que le moment de souffrir est arrivé pour elle; mais quand le bébé est né, elle oublie sa souffrance parce qu'elle est joyeuse de ce qu'un être humain soit venu au monde» (Jean 16, 21).

La croix est devenue le symbole le plus puissant de cette nouvelle mission. La croix est le symbole de la mort *et* de la vie, de la souffrance *et* de la joie, de la défaite *et* de la victoire. C'est la croix qui nous montre le chemin.

2– Pique-nique sur une pierre tombale

Il nous sera toujours difficile d'accepter notre souffrance tout en étant confiants qu'elle nous conduira à une vie nouvelle. Malgré tout, des expériences nous montrent combien est vrai ce chemin que Jésus propose. Voyons-en une.

Il y a quelques années, Robert, le mari d'une de mes amies, est décédé subitement d'une crise cardiaque. Mon amie a décidé de ne pas amener ses deux enfants aux funérailles. Elle pensait: «Ce sera trop difficile pour eux de voir leur père se faire enterrer.»

Pendant plusieurs années après la mort de Robert, le cimetière est demeuré pour eux un endroit dangereux et terrifiant. Puis, un jour, mon amie me demanda de l'accompagner au cimetière, et elle invita ses enfants à nous suivre. L'aînée avait trop peur de venir, mais le cadet a décidé de nous accompagner. Lorsque nous sommes arrivés à l'endroit où Robert était enterré, nous nous sommes assis tous trois sur le gazon, autour de la pierre où était inscrit: «Un homme bon et doux». Nous nous sommes mis à évoquer nos souvenirs de Robert.

J'ai dit: «Un jour, peut-être devrions-nous venir ici pour faire un pique-nique. Ce n'est pas seulement un endroit pour penser à la mort, mais aussi pour nous réjouir de la vie. Je crois que Robert sera honoré de nous voir trouver ici de nouvelles forces de vivre.» Au début, cette idée a semblé étrange: faire un pique-nique à côté d'une pierre tombale! Mais n'est-ce pas ce que Jésus a demandé à ses disciples lorsqu'il les a invités à partager le pain et le vin en mémoire de lui?

Quelques jours plus tard, mon amie a amené sa fille aînée au cimetière. Son frère l'avait convaincue qu'il n'y avait rien à craindre.

Maintenant, ils viennent souvent au cimetière et se racontent des souvenirs de Robert. Celui-ci n'est plus un étranger. Il est devenu leur nouvel ami, et faire un pique-nique sur sa tombe est devenu une activité qu'ils attendent avec impatience... du moins lorsqu'il n'y a personne aux alentours!

Pleurer de chagrin ou pleurer de joie ne devraient pas être trop différents. À mesure que nous apprivoisons notre chagrin — ou, pour employer les mots de Jésus, «acceptons notre croix» —, nous découvrons que la résurrection est vraiment à notre portée.

3– Une fraternité de faibles

L'un des meilleurs moyens d'apprivoiser notre souffrance est de la sortir de son isolement pour la partager avec quelqu'un qui est mesure de la recevoir. Nous avons tellement de peines qui restent cachées — même de nos amis les plus proches. Quand nous nous sentons seuls, allons-nous voir une personne en qui nous avons confiance pour lui dire: «Je me sens seul, j'ai besoin de ton appui et de ta présence»? Lorsque nous nous sentons inquiets, insatisfaits sexuellement, en colère ou amers, osons-nous demander à un ami d'être avec nous pour partager notre peine?

Trop souvent, nous pensons ou disons: «Je ne veux pas ennuyer mes amis avec mes problèmes. Ils ont assez des leurs.» Mais, en réalité, nous leur faisons honneur en leur confiant nos luttes. Nous-mêmes, nous disons à nos amis qui nous ont caché leurs sentiments de crainte ou de honte: «Pourquoi ne me l'as-tu pas dit? Pourquoi avoir gardé ce secret si longtemps?» Évidemment, ce n'est pas tout le monde qui peut recevoir nos souffrances cachées. Mais je crois sincèrement que si nous voulons atteindre la maturité spirituelle, Dieu nous enverra les amis dont nous avons besoin.

Tant de nos souffrances découlent non seulement d'une situation douloureuse, mais aussi d'un sentiment d'isolement au beau milieu de cette souffrance. Plusieurs personnes souffrant de dépendances — que ce soit envers l'alcool, la drogue, le sexe ou la nourriture — trouvent leur premier soulagement lorsqu'elles peuvent partager leur peine avec d'autres et découvrent qu'on les écoute vraiment. Les nombreux programmes en douze étapes témoignent bien que la guérison commence avec le partage de la douleur. Nous pouvons ici constater la proximité de la souffrance et de la joie. Quand je découvre que je ne suis pas seul dans ma lutte, lorsque je fais l'expérience d'une nouvelle fraternité dans la faiblesse, alors la joie peut éclater au milieu de ma peine.

Mais il n'est pas facile de sortir de son isolement. Pour une raison ou pour une autre, nous essayons toujours de régler nous-mêmes nos problèmes. Mais Dieu nous a donné les uns aux autres pour construire une communauté d'amour mutuel où nous pouvons découvrir ensemble que la joie n'est pas seulement pour les autres, mais pour nous tous.

4– Au-delà de l'individualisme

En général, c'est nous qui nous imposons notre isolement. Nous n'aimons pas dépendre des autres et, dans la plupart des cas, nous essayons de nous prouver à nous-mêmes que nous maîtrisons la situation et que nous pouvons prendre nos propres décisions. Cette autosuffisance a beaucoup d'attraits. Elle nous donne un sentiment de puissance, nous permet de réagir rapidement, nous donne la satisfaction d'être notre propre patron et nous promet plusieurs récompenses.

En contrepartie, la solitude, l'isolement et la crainte continuelle de ne pas réussir dans la vie nous guettent.

J'ai fait l'expérience tout aussi bien des récompenses que des punitions de l'individualisme. Comme professeur d'université, j'étais productif et populaire, et j'ai gravi les échelons des promotions académiques; mais, à la fin de tout ça, je me suis senti tout à fait seul. Malgré les éloges que je recevais lorsque je prononçais des conférences sur la communauté, je sentais que je n'appartenais réellement à personne. Alors que je démontrais de manière convaincante l'importance de la prière, je perdais la capacité de faire silence en moi pour prier. Alors que j'encourageais les gens à se montrer vulnérables pour pouvoir grandir dans l'Esprit, j'étais moi-même prudent et même méfiant lorsque ma réputation était en jeu. Ce qui importe dans le monde académique, c'est la concurrence — même chez ceux qui prêchent la compassion —, du moins lorsqu'ils ne veulent pas perdre leur emploi!

Placer la compassion au cœur de notre vie, être ouvert et vulnérable devant les autres, considérer la vie communautaire comme centrale et permettre à la prière d'être le souffle de notre vie... tout cela exige d'abattre tous les murs que nous avons construits entre nous et les autres pour maintenir notre confortable isolement. C'est une dure lutte spirituelle qui dure toute la vie car, à mesure que nous démolissons des murs, nous en construisons d'autres. Après avoir quitté l'université et choisi de vivre en communauté, je me suis rendu compte que, même là, il existe plusieurs manières de jouer le jeu contrôlant de l'individualisme. En fait, la véritable conversion requiert beaucoup plus que de changer d'endroit. Il faut aussi changer notre cœur.

5– Notre désir de communion

Que désirons-nous vraiment? Au fur et à mesure que j'essaie d'être à l'écoute de mes désirs les plus profonds et de ceux des autres, le mot qui semble le mieux décrire ces désirs du cœur humain est le mot «communion». Communion signifie «union avec». Dieu nous a donné un cœur qui ne trouvera pas de repos tant et aussi longtemps qu'il n'aura pas trouvé la véritable communion. Nous la cherchons dans l'amitié, le mariage, la communauté. Nous la cherchons dans l'intimité sexuelle, les moments d'extase, la reconnaissance de nos dons. Nous la cherchons dans le succès, l'admiration, les récompenses. Mais où que nous cherchions, c'est la communion que nous désirons.

Comme je regardais le visage des médaillés d'or aux Jeux olympiques, entourés de soixante mille spectateurs qui les ovationnaient et de millions d'autres qui les regardaient à la télévision, pour un moment, j'ai entrevu cette expérience de communion. C'était comme s'ils avaient finalement reçu l'amour pour lequel ils avaient tant travaillé. Et pourtant, comme on les oubliera vite! Quatre, huit ou douze ans plus tard, d'autres viendront les remplacer sur le podium du succès, et peu de gens se souviendront de leur bref moment de gloire.

Malgré tout, notre désir de communion demeure. C'est un désir qui vient de Dieu, qui nous occasionne à la fois de nombreuses souffrances et d'immenses joies. Jésus est venu proclamer que notre désir de communion n'est pas vain, mais qu'il sera satisfait par celui qui nous l'a donné. Nos moments furtifs de communion ne sont que de faibles aperçus de la communion promise par Dieu. Le véritable danger est de nous méfier de ce désir de communion. C'est un désir qui nous vient de Dieu, sans lequel nos vies perdent leur vitalité et nos cœurs se refroidissent. Nous vivrons de façon vraiment spirituelle seulement lorsque nous aurons trouvé le repos dans l'étreinte de celui qui est à la fois le Père et la Mère de tous les désirs.

6– Aller au-delà de nos blessures

Nous, les êtres humains, souffrons beaucoup. Plusieurs, sinon toutes nos profondes souffrances viennent de nos relations avec ceux et celles qui nous aiment. Je suis toujours conscient que mes angoisses les plus intenses sont causées, non par les événements terribles rapportés dans les journaux ou à la télévision, mais par mes relations avec ceux et celles qui partagent ma vie quotidienne. Les hommes et les femmes qui m'aiment et qui sont très proches de moi sont aussi ceux qui me blessent. À mesure que nous vieillissons, nous découvrons souvent que l'amour qu'on nous porte n'est pas toujours parfait. Ceux qui nous ont aimés se sont souvent servi de nous. Ceux qui ont pris soin de nous nous ont aussi enviés. Ceux qui nous ont beaucoup donné attendaient parfois beaucoup en retour. Ceux qui nous ont protégés ont aussi voulu nous posséder à des moments cruciaux. Nous éprouvons souvent l'envie de démêler le pourquoi et le comment de nos blessures, et nous en arrivons trop souvent à la terrible conclusion que l'amour que nous avons reçu n'était pas aussi pur et simple que nous l'avions cru.

Il est important de nous arrêter pour réfléchir à tout cela, surtout quand la peur, les inquiétudes et sombres désirs que nous ne comprenons pas nous paralysent.

Mais il ne suffit pas de comprendre nos blessures. En bout de ligne, nous devons trouver la liberté d'aller au-delà de nos blessures et le courage de pardonner à ceux qui nous ont fait du mal. Le danger qui nous guette est de nous embourber dans la colère et la rancune. Alors, nous nous mettons à vivre en «victimes» qui se plaignent continuellement des injustices de la vie.

Jésus est venu nous délivrer de ces plaintes autodestructrices. Il dit: «Cessez de vous plaindre, pardonnez à ceux qui vous ont mal aimés, allez au-delà de vos sentiments de rejet, ayez le courage de croire que vous ne tomberez pas dans un abîme de néant mais dans les bras protecteurs de Dieu dont l'amour guérira toutes vos blessures.»

7– Fidèles à notre vocation

Je vois à la télévision les visages émaciés des enfants affamés de Somalie, et je veux les aider. Je lis des articles rapportant le sort terrible des populations musulmanes de Bosnie, qui cherchent désespérément à survivre aux attaques redoublées des Serbes, et je veux faire quelque chose. Nelson Mandela conduit de grands rassemblements en Afrique du Sud pour forcer le gouvernement à accepter la véritable démocratie, et je voudrais l'appuyer dans ses efforts.

En Irlande du Nord, les catholiques et les protestants continuent à s'entre-tuer, et je me demande comment réagir devant cette situation honteuse. Mon ami prêtre John Vesey, vicaire général du diocèse de Sololá, au Guatemala, me dit que le génocide des Indiens se poursuit, et je ressens un profond désir d'aller le rejoindre, de l'appuyer dans sa lutte contre ces injustices sans fin. Mes amis qui vivent dans le quartier Adam Morgan à Washington, D.C., me parlent sans cesse de l'augmentation du nombre de sans-abri, de la recrudescence du trafic de drogue et des meurtres, des conditions de désespoir régnant dans ce quartier, et je m'inquiète de ma part de responsabilité dans ces situations. À Toronto, près de chez moi, de plus en plus de gens, des adultes aussi bien que des enfants, meurent du sida, et je me demande continuellement comment les rejoindre.

Plus je pense aux souffrances humaines de ce monde et à mon désir de les soulager, plus je réalise combien il est important de ne pas me laisser paralyser par des sentiments d'impuissance et de culpabilité. Il me faut plus que jamais être fidèle à ma vocation à bien faire les petites choses qui me sont confiées, et à goûter la joie et la paix qu'elles m'apportent. Je dois résister à la tentation de laisser les forces des ténèbres m'entraîner vers le désespoir et faire de moi une autre de leurs nombreuses victimes. Je dois garder mon regard fixé sur Jésus et sur ceux qui l'ont suivi, confiant que je saurai vivre pleinement ma mission: dans notre monde, être un signe d'espérance.

8– La voie du dalaï-lama

Je connais peu de gens qui ont vu autant de souffrances que le dalaï-lama. En tant que chef spirituel et politique du Tibet, il a été chassé de son pays et a été témoin des meurtres, de la torture, de l'oppression et de l'expulsion sans relâche de son peuple.

Malgré tout, je connais peu de gens qui rayonnent autant de paix et de joie.

Son rire désarmant et généreux est dépourvu de haine et d'amertume envers les Chinois qui ont ravagé son pays et exterminé son peuple. Il dit: «Eux aussi sont des êtres humains qui luttent pour trouver le bonheur et méritent notre compassion.»

Comment est-il possible qu'un homme si persécuté ne soit pas rempli de colère et de désir de vengeance? Lorsqu'on lui pose cette question, le dalaï-lama explique comment, dans sa méditation, il permet à toutes les souffrances de son peuple et de ses oppresseurs d'entrer au fond de son cœur pour y être transformées en compassion.

Quel défi spirituel! Alors que je me demande anxieusement comment venir en aide aux peuples de Bosnie, d'Afrique du Sud, du Guatemala, du Tibet... le dalaï-lama m'appelle à réunir toutes les souffrances du genre humain dans mon cœur pour qu'elles deviennent la matière première de mon amour compatissant.

N'est-ce pas également le chemin tracé par Jésus? Peu de temps avant sa mort et sa résurrection, Jésus a dit: «Lorsque je monterai au ciel, j'attirerai à moi tous les humains.» Jésus a pris sur lui toutes les souffrances du monde pour les transformer en compassion et les offrir à son Père. Vraiment, voilà le chemin que nous devons suivre.

9– Les souffrances de l'amour

On nous donne souvent des animaux pour nous apprendre ce que sont l'amour et la compassion. En vérité, je m'intéresse très peu aux animaux familiers, chiens, chats ou perroquets. Même si je me fâche souvent lorsque les animaux deviennent le principal sujet de conversation entre amis, je dois admettre que l'un des souvenirs les plus vifs de mon enfance est lié à une petite chèvre. Au cours de la dernière année de la Deuxième Guerre mondiale, mon père me l'avait confiée pour que je m'en occupe. Elle s'appelait Walter. J'avais alors 13 ans, et nous vivions dans une partie de la Hollande isolée des armées alliées par de grandes rivières. Les gens mouraient de faim.

J'aimais ma petite chèvre. Je passais des heures à ramasser des glands pour la nourrir, je l'amenais prendre de longues marches et je m'amusais à lutter avec elle en la poussant là où ses cornes commençaient à pousser. Je la prenais dans mes bras. J'avais construit un enclos pour elle dans le garage et je lui avais donné une petite charrette à tirer. Le matin, dès que je me levais, j'allais la nourrir et j'y retournais dès que je rentrais de l'école, nettoyant son enclos et lui parlant d'une foule de choses. Walter et moi étions vraiment des amis inséparables.

Un jour, tôt le matin, lorsque je suis entré dans le garage, l'enclos était vide. On avait volé Walter. Je ne me souviens pas d'avoir pleuré si fort et pendant si longtemps. J'ai éclaté en sanglot et j'ai hurlé de douleur. Mon père et ma mère ne savaient plus quoi faire pour me consoler. C'était la première fois que je découvrais l'amour et la perte d'un être cher.

Plusieurs années plus tard, lorsque la guerre était finie et que nous avions à nouveau suffisamment de nourriture, mon père m'a révélé que notre jardinier avait pris Walter pour le donner à manger à sa famille qui n'avait plus rien à se mettre sous la dent. Mon père savait que c'était le jardinier, mais il ne lui en a jamais parlé — même s'il voyait la peine que j'éprouvais. Je me rends compte maintenant que mon père et Walter m'ont appris quelque chose de la compassion.

Chapitre IV

La conversion

1– L'Esprit d'amour

Même lorsque je me rends compte qu'il y a dix ans je n'avais pas la moindre idée que j'aboutirais ici, je tiens tout de même à conserver l'illusion que je suis aux commandes de ma vie. J'aime décider moi-même ce dont j'ai le plus besoin, ce que je ferai ensuite, ce que je désire accomplir et ce que les autres penseront de moi. Je suis si occupé à organiser ma vie que je ne suis pas conscient des subtils mouvements en moi de l'Esprit de Dieu, qui m'oriente vers des chemins bien différents des miens.

Il faut beaucoup de solitude et de silence intérieurs pour devenir conscient de ces mouvements divins. Dieu ne crie pas, il n'élève pas la voix et il ne bouscule pas. L'Esprit de Dieu est doux et discret, comme une petite voix ou une brise légère. C'est un esprit d'amour. Peut-être ne sommes-nous pas encore convaincus que l'Esprit de Dieu est réellement l'Esprit d'amour nous conduisant toujours plus profondément vers l'amour. Peut-être nous méfions-nous encore de l'Esprit, craignant d'être menés vers des endroits où notre liberté nous sera enlevée. Peut-être voyons-nous encore l'Esprit de Dieu comme un ennemi qui exige de nous des choses qui ne sont pas bonnes pour nous.

Mais Dieu est amour, uniquement amour, et l'Esprit de Dieu est l'Esprit d'amour, qui veut nous conduire là où nos souhaits les plus chers seront comblés. Parfois, nous ignorons nous-mêmes nos désirs les plus chers. Nous nous laissons facilement troubler par nos passions et nos haines en croyant à tort qu'elles sont l'expression de nos aspirations les plus profondes.

L'Esprit d'amour nous dit: «N'ayez pas peur de laisser tomber ce désir de contrôler votre vie. Laissez-moi réaliser le vrai désir de votre cœur.»

2– Se retourner

Jésus nous dit: «Préoccupez-vous d'abord du Royaume de Dieu [...], et Dieu vous accordera aussi tout le reste» (Matthieu 6, 33). Ces paroles résument bien la façon dont nous sommes invités à vivre notre vie: le cœur tourné vers le Royaume de Dieu. Ce Royaume n'est ni une contrée lointaine que nous espérons atteindre, ni la vie après la mort, ni même un bien-être idéal. Non, le Royaume de Dieu est avant tout la présence active en nous de l'Esprit divin qui nous offre la liberté à laquelle nous aspirons.

La question principale devient alors: comment tourner notre cœur d'abord vers le Royaume de Dieu alors qu'il est préoccupé par tant de choses? En fait, il faut vivre une radicale conversion du cœur, un changement nous permettant de saisir la réalité de notre existence du point de vue de Dieu.

Un jour, j'ai vu un mime imitant un homme qui essayait à grand effort d'ouvrir l'une des trois portes de la pièce où il se trouvait. Il poussait et tirait sur les poignées de porte, mais aucune d'elles ne s'ouvrait. Il s'est alors mis à frapper du pied sur les panneaux de bois de la porte, mais sans arriver à les défoncer. Finalement il donna de tout son poids contre chacune des portes, mais nulle d'entre elles ne céda.

C'était ridicule, bien que très drôle, parce que cet homme était tellement concentré sur les trois portes verrouillées qu'il ne s'était même pas rendu compte que la pièce n'avait pas de mur arrière, et qu'il aurait pu sortir bien simplement si seulement il s'était retourné pour regarder!

Voilà une bonne définition de la conversion. C'est un revirement complet qui nous permet de découvrir que nous ne sommes pas les prisonniers que nous pensons être. Du point de vue de Dieu, nous ressemblons souvent à cet homme qui essaie d'ouvrir les portes verrouillées de sa chambre. Nous nous inquiétons pour beaucoup de choses, nous nous faisons même du mal à force de nous inquiéter. Dieu dit: «Retournez-vous, tournez votre cœur vers mon Royaume. Je vous donne toute la liberté que vous désirez.»

3– Une réponse «d'en haut»

Dans les évangiles, on remarque que Jésus ne répond que rarement aux questions qui lui sont posées. Lorsque la mère de Jacques et de Jean lui demande de réserver à ses fils une place de choix à sa droite et à sa gauche, dans son Royaume, il lui dit: «Pouvez-vous boire la coupe de douleur que je vais boire?» (Matthieu 20, 22). Lorsque le saducéen parle à Jésus d'une femme qui avait sept maris et lui demande de qui elle sera la femme à la résurrection, Jésus lui répond: «Quand les morts reviendront à la vie, les hommes et les femmes ne se marieront pas, mais ils vivront comme les anges dans le ciel» (Matthieu 22, 30). Lorsque les Apôtres lui demandent: «Seigneur, est-ce en ce temps que tu rétabliras le royaume d'Israël?», Jésus leur répond: «Il ne vous appartient pas de savoir quand viendront les temps et les moments, car le Père les a fixés de sa seule autorité. Mais vous recevrez une force quand le Saint-Esprit descendra sur vous. Vous serez alors mes témoins» (Actes 1, 6-8).

Qu'est-ce qui se passe? Jésus répond «d'en haut» à des questions bien terre à terre, qui viennent «d'en bas». La mère de Jacques et de Jean se préoccupe de pouvoir et d'influence. Le saducéen désire que Jésus résolve un problème théologique. Les Apôtres veulent que Jésus les libère de l'occupation romaine. Mais toutes ces préoccupations viennent «d'en bas». Elles émanent des difficultés causées par les puissances du monde. Jésus ne répond pas «d'en bas». Il répond d'un lieu bien supérieur à toutes les puissances du monde. Ses réponses viennent de sa communion intime avec le Père.

Pour que nous puissions véritablement entendre les réponses de Jésus, nous devons naître d'en haut. Jésus dit à Nicodème: «Je te le déclare, c'est la vérité: personne ne peut voir le Royaume de Dieu s'il ne naît pas d'en haut» (Jean 3, 3).

La vie spirituelle est la vie de ceux qui sont nés d'en haut — qui ont reçu l'Esprit de Dieu. Cette vie nous permet de briser les liens de nos confusions humaines et elle nous libère pour vivre en Dieu. Jésus l'affirme clairement: «Ce qui naît d'un père humain est humain; ce qui naît de l'Esprit Saint est esprit» (Jean 3, 6).

4– Une invitation à la conversion

Dans notre recherche continuelle de sens, nous devons lire journaux et livres d'une manière spirituelle. Nous devrions toujours nous poser la question: «Pourquoi vivons-nous?» Nous devons interpréter tous les événements de notre courte vie. Les livres et les journaux sont là pour nous aider à lire les signes des temps, donnant ainsi un sens à notre vie. Jésus a dit: «Quand vous voyez un nuage se lever à l'ouest, vous dites aussitôt: "Il va pleuvoir", et c'est ce qui arrive. Et quand vous sentez souffler le vent du sud, vous dites: "Il va faire chaud", et c'est ce qui arrive. Hypocrites! Vous êtes capables de comprendre ce que signifient les aspects de la terre et du ciel; alors, pourquoi ne comprenez-vous pas le sens du temps présent?» (Luc 12, 54-56).

Voilà le vrai défi. Jésus ne considère pas les événements de notre temps comme une série d'incidents ou d'accidents qui nous touchent très peu. Jésus voit les événements sociaux, politiques et économiques de notre existence comme des signes réclamant une interprétation spirituelle. Il faut les lire spirituellement, mais comment?

Jésus lui-même nous montre comment. Un jour, on annonça à Jésus que le gouverneur Pilate avait fait exécuter des rebelles de Galilée et qu'il avait fait mêler leur sang avec celui des sacrifices romains. Lorsqu'il entendit cela, Jésus répondit: «Pensez-vous que si ces Galiléens ont été ainsi massacrés, cela signifie qu'ils étaient de plus grands pécheurs que tous les autres Galiléens? Non, vous dis-je; mais si vous ne changez pas comportement, vous mourrez tous comme eux» (Luc 13, 2-3).

Jésus donne à cet événement une interprétation non pas politique mais spirituelle. Il dit: «Ce qui est arrivé vous invite à la conversion!» C'est le sens le plus profond de l'histoire: une invitation permanente à tourner notre cœur vers Dieu pour ainsi découvrir le vrai sens de la vie.

5– Pourquoi le sida?

Dès que nous nous mettons à lire les événements de notre vie comme des appels à la conversion, notre conception de l'histoire change radicalement. Depuis que certains de mes amis sont morts du sida et que j'ai découvert le vaste réseau des gens qui en souffrent et des personnes qui travaillent avec eux et pour eux, je me suis interrogé sur le sens de tout cela. Pourquoi cette épidémie cause-t-elle la mort de milliers de personnes, jeunes et vieux, hommes et femmes?

Lorsque John, le fils homosexuel de l'un de mes grands amis de San Francisco, a été frappé du sida, cette maladie a cessé d'être pour moi une réalité lointaine. J'ai visité John pendant sa maladie. Il m'a présenté ses amis homosexuels et m'a fait prendre conscience de la terrible souffrance physique et émotionnelle d'un grand nombre de jeunes adultes.

Jésus me demande: «Est-ce que tu crois que ces gens sont de plus grands pécheurs que toi pour que cela leur arrive?» Et je prends brutalement conscience que la seule réponse possible est: «Non, ils ne le sont pas — mais à moins de me repentir, je périrai comme eux.» Cette réponse tourne tout sens dessus dessous. La mort de ces personnes homosexuelles m'appelle à me convertir!

Le sida a montré la relation dramatique qui existe entre l'amour et la mort. Ces homosexuels qui cherchaient désespérément quelqu'un à aimer se sont retrouvés dévorés par les puissances destructrices de la mort. Mais Dieu est le Dieu des vivants, non celui des morts! L'amour de Dieu donne la vie, non la mort. Mes frères homosexuels meurent pour que je puisse me tourner plus radicalement vers Dieu et trouver en lui la réponse aux aspirations de mon corps, de mon esprit et de mon cœur. Je dois apprendre à voir le sida comme un signe des temps qui m'appelle à la conversion. Je prie pour avoir le courage de le faire.

6– La mission inversée

Alors que j'habitais pour quelques mois dans une des «villes nouvelles» qui entourent Lima, au Pérou, j'ai entendu pour la première fois l'expression «mission inversée». J'étais venu du nord au sud pour aider les pauvres, mais plus je vivais avec les pauvres, plus je prenais conscience qu'il existait une autre mission, celle du sud vers le nord. Lorsque je suis revenu chez moi, j'étais convaincu que ma tâche principale allait être d'aider les pauvres d'Amérique latine à venir convertir leurs sœurs et frères plus favorisés des États-Unis et du Canada.

Depuis ce jour, j'ai pris conscience que partout où l'Esprit de Dieu est présent, il existe une mission inversée.

Déjà, pendant l'été 1965, lorsque j'ai marché avec des milliers de Noirs et de Blancs américains entre Selma et Montgomery pour soutenir les Noirs dans leur lutte pour acquérir les mêmes droits que les Blancs, Martin Luther King avait dit que le sens spirituel le plus profond du mouvement des droits civiques était que les Noirs appelaient les Blancs à la conversion.

Plusieurs années plus tard, lorsque je me suis joint à l'Arche pour vivre et travailler en compagnie de personnes avec un handicap intellectuel, j'ai vite réalisé que ma véritable tâche serait de laisser ceux et celles que je voulais aider m'apporter — et à travers moi apporter à beaucoup d'autres — leurs dons spirituels exceptionnels.

Ce «renversement» est un signe de l'Esprit de Dieu. Les pauvres ont une mission auprès des riches, les Noirs ont une mission auprès des Blancs, les handicapés ont une mission auprès des gens dits «normaux», les homosexuels ont une mission auprès des hétérosexuels, les mourants ont une mission auprès des bien-portants. Ceux dont le monde a fait des victimes, Dieu les a choisis comme messagers de la Bonne Nouvelle.

Lorsque Jésus a entendu dire que dix-huit personnes avaient trouvé la mort lorsque la tour de Siloam s'est effondrée, on lui a demandé si ces hommes et ces femmes étaient de plus grands pécheurs que les autres: «Non, leur a-t-il répondu. Mais si vous ne changez pas de comportement, vous mourrez tous comme eux.» Jésus nous montre que les victimes deviennent nos évangélisateurs, nous appelant à la conversion. Voilà la mission inversée qui ne cesse de nous surprendre.

7– Les questions de Dieu

Est-ce que les Juifs qui ont été exécutés dans les chambres à gaz des camps de concentration nazis étaient plus coupables que nous? Que dire des Mayas du Guatemala kidnappés, torturés et exécutés par les militaires, et de ces millions d'Africains morts de faim? Et que dire de ceux qui ont commis ces crimes?

Ce sont des questions «d'en bas», celles que nous posons quand nous voulons savoir qui se trouve dans une situation meilleure ou pire que la nôtre. Mais ce ne sont pas des questions qui viennent «d'en haut». Ce ne sont pas les questions de Dieu. Dieu ne nous demande pas de définir la petite place que nous occupons dans l'humanité par rapport à celle des autres. La question de Dieu est la suivante: «Lisez-vous les signes des temps comme autant d'invitations à la conversion et au repentir?» L'important est notre désir de laisser les grandes souffrances de nos frères et de nos sœurs nous libérer de l'arrogance, du jugement et de la condamnation, et nous donner un cœur doux et humble comme celui de Jésus.

Nous passons de nombreuses heures à évaluer les autres. Nous échangeons sans cesse nos opinions sur les gens qui nous sont plus ou moins proches. Cela nous distrait et nous permet d'ignorer que nous-mêmes avons besoin d'une conversion du cœur, et que notre cœur est sans doute le seul que nous pouvons changer.

Nous répétons sans cesse: «Et lui? Et elle?» Jésus nous dit, comme il l'a dit à Pierre qui voulait savoir ce qui arrivait à Jean: «[...] que t'importe? Toi, suis-moi» (Jean 21, 22).

8– Le fardeau du jugement

Imaginez ne pas avoir besoin de juger qui que ce soit. Imaginez n'avoir aucune envie de décider si une autre personne est bonne ou mauvaise. Imaginez être complètement libre du sentiment d'avoir à prendre une décision sur la moralité du comportement d'une autre personne. Imaginez pouvoir dire: «Je ne juge personne!»

Imaginez! Ne serait-ce pas la véritable liberté intérieure? Les pères du désert du IVᵉ siècle disaient: «Juger les autres est un lourd fardeau.» J'ai connu de courtes périodes dans ma vie où je me suis senti libéré de tous jugements sur les autres. C'était comme si un lourd fardeau m'était enlevé des épaules. À ces moments-là, j'ai ressenti un immense amour pour tous ceux et celles que je rencontrais, dont j'entendais parler ou à propos de qui je lisais. Une grande solidarité avec toutes les personnes et un vif désir de les aimer ont fait tomber tous mes murs intérieurs et ont rendu mon cœur aussi grand que l'univers.

C'est ce qui s'est produit à la fin d'un séjour de sept mois dans un monastère de trappistes. J'étais tellement rempli de la bonté de Dieu que je la voyais partout où j'allais, même sous les masques de la violence, de la destruction et du crime. Je devais me retenir pour ne pas sauter au cou des femmes et des hommes qui me servaient dans les épiceries, qui me vendaient des fleurs ou un nouvel habit. Ils m'apparaissaient tous comme des saints!

Nous connaissons tous de tels moments si nous sommes attentifs aux mouvements en nous de l'Esprit de Dieu. Ce sont comme des avant-goûts du ciel, de sa beauté et de sa paix. Il est facile de les rejeter comme des produits de nos rêves ou de notre imagination poétique. Mais lorsque nous choisissons de les accepter comme un moyen pour Dieu de nous taper sur l'épaule et de nous révéler la vérité profonde de notre existence, nous pouvons progressivement aller au-delà de notre besoin de juger les autres et de notre penchant à évaluer toute personne et toute chose. Nous pouvons alors grandir vers la véritable liberté intérieure et la vraie sainteté.

Mais nous pouvons laisser tomber le lourd fardeau de juger les autres seulement si nous acceptons d'en porter un autre, beaucoup plus léger: nous laisser juger!

9– Affirmer l'amour de Dieu

Pouvons-nous nous libérer de notre besoin de juger les autres? Oui... en prenant véritablement conscience de notre identité profonde: nous sommes les fils et les filles bien-aimés de Dieu. Aussi longtemps que nous continuons à vivre comme si notre identité était déterminée par notre agir, notre avoir et ce que les autres pensent de nous, nous restons remplis de juge-ments, d'opinions, d'évaluations et de condam-nations. Nous continuons à sentir le besoin de mettre les gens et les choses à la «bonne» place. Ce besoin de juger s'effacera dans la mesure où nous accepterons que notre identité ne repose pas sur notre succès, notre pouvoir ou notre popularité, mais bien sur l'amour infini de Dieu.

«Ne jugez pas les autres, afin que Dieu ne vous juge pas. Car Dieu vous jugera de la façon dont vous jugez et il utilisera pour vous la mesure que vous employez pour les autres» (Matthieu 7, 1-2). À la lecture de ce texte et du reste de l'Évangile, il est clair que le jugement de Dieu n'est pas le résultat d'un calcul divin indépendant de nous, mais bien un reflet direct de notre manque de confiance en l'amour de Dieu. Si nous croyons que notre identité profonde est la somme de notre succès, de notre popularité et de notre pouvoir, nous dépendons de la façon dont nous jugeons et sommes jugés, et nous devenons des victimes manipulées par les autres. C'est pourquoi nous nous jugeons nous-mêmes. Notre mort marquera non seulement la fin de ces jugements mutuels, mais aussi notre propre fin, puisque nous ne sommes que le produit de ce que nous pensons des autres et de ce que les autres pensent de nous.

Ce n'est qu'en affirmant l'amour de Dieu, l'amour qui transcende tous les jugements, que nous pouvons dépasser de notre peur du jugement. Lorsque nous serons complètement libérés du besoin de juger les autres, nous perdrons du même coup notre peur d'être jugés.

L'expérience de ne pas juger ne peut pas coexister avec la peur d'être jugé, et l'expérience de l'amour inconditionnel de Dieu ne peut pas non plus coexister avec le besoin de juger les autres. C'est ce que Jésus veut dire lorsqu'il affirme: «Ne vous posez pas en juge, afin de n'être pas jugés.» Le lien entre les deux membres de cette phrase est le même que celui qui existe entre l'amour du Dieu et celui du prochain. On ne peut pas les séparer. Mais ce lien n'est pas simplement un lien logique que l'on peut comprendre et analyser. C'est d'abord et avant tout un lien du cœur qui s'établit dans la prière.

Chapitre V

Une vie disciplinée

1– Vivre pour la médaille d'or

En lisant la conclusion du chapitre 9 de la première lettre de saint Paul aux Corinthiens, je peux facilement m'imaginer qu'il était en train de regarder les Jeux olympiques. Il écrit: «Vous savez sûrement que ceux qui participent à une course courent tous mais qu'un seul remporte le prix. Courez donc de manière à remporter le prix. Tous les athlètes à l'entraînement s'imposent une discipline sévère. Ils le font pour gagner une couronne qui ne dure pas; mais nous, nous le faisons pour gagner une couronne qui durera toujours. C'est pourquoi je cours les yeux fixés sur le but; c'est pourquoi je suis comme un boxeur qui ne frappe pas au hasard. Je traite durement mon corps et je le maîtrise sévèrement, afin de ne pas être moi-même rejeté après avoir prêché aux autres.»

Plus de deux mille ans plus tard, ces paroles semblent encore plus à propos qu'au moment où elles ont été écrites. En regardant à la télévision les Jeux olympiques de Barcelone, en 1992, j'ai été impressionné, dépassé même, par le dévouement énergique et la discipline sévère des athlètes s'entraînant pour gagner la médaille d'or. Des centaines de coureurs, de sauteurs, de plongeurs, de gymnastes et d'autres athlètes ont consacré chaque instant de leur vie à cet ultime but: prendre place sur cette petite estrade, symbole de la réussite suprême.

J'ai regardé avec une attention toute particulière le Français Gatier et le Suédois Waldner lors de leur match final de ping-pong. Une question suscitait une tension presque insupportable entre les opposants et chez les centaines de spectateurs qui les regardaient, y compris le roi Charles-Gustave de Suède et son épouse: «Lequel de ces deux hommes va décrocher la médaille d'or et lequel devra se contenter de la médaille d'argent?»

Avec une virtuosité incroyable, les deux rivaux évoluaient autour de la table, se renvoyant la petite balle jaune tantôt de près, tantôt de loin, chacun usant de sa stratégie pour se montrer plus malin que l'autre, surprenant constamment leurs admirateurs en délire. La puissance, la vitesse, l'agilité et la précision avec lesquelles Gatier et Waldner marquaient leurs points ont tenu les spectateurs en haleine jusqu'à la toute dernière seconde: qui serait le vainqueur?

Lorsque finalement le Suédois a réussi à briser la troisième égalité et à remporter la partie 25 à 23, son visage jusqu'alors tendu et sérieux s'est soudainement illuminé d'un large sourire alors qu'il s'est jeté dans les bras de son entraîneur. C'était la première médaille d'or remportée par la Suède aux Jeux olympiques de Barcelone. La clameur assourdissante qui a retenti dans l'enceinte sportive et l'enthousiasme des Suédois laissaient deviner que quelque chose d'une grande importance venait de se produire.

Lorsque saint Paul regardait une partie semblable, il se demandait à quel moment nous serions prêts à mettre autant de dévouement et de discipline pour obtenir la récompense éternelle que les athlètes le faisaient pour remporter une médaille. Il serait peut-être efficace d'imaginer le chœur des saints, des anges et des archanges comme des spectateurs enthousiastes, et de prendre conscience que le Roi lui-même nous regarde en espérant pouvoir nous donner l'or de son amour éternel.

2– Un but précis

Avons-nous un but précis dans la vie? Les athlètes qui ont pour but ultime d'obtenir la médaille d'or aux Jeux olympiques sont prêts à renoncer à tout pour y arriver. Leur façon de manger, de dormir, d'étudier et de s'entraîner est organisée en fonction de ce but précis.

Ce qui est vrai des compétitions sportives l'est aussi de la vie spirituelle. Sans but précis, nous nous laisserons toujours distraire et nous gaspillerons nos énergies dans des tâches secondaires: «Tenez vos yeux fixés sur la récompense», disait Martin Luther King à ses compatriotes. Quelle est notre récompense? C'est la vie divine, la vie éternelle, la vie avec et en Dieu. Jésus nous a annoncé ce but, cette récompense éternelle. Il a dit à Nicodème: «Dieu a tellement aimé le monde qu'il a donné son Fils unique, afin que tout homme qui croit en lui ne meure pas mais qu'il ait la vie éternelle» (Jean 3, 16).

Il n'est pas facile de garder les yeux fixés sur la vie éternelle, surtout dans un monde qui ne cesse de nous répéter qu'il y a des choses beaucoup plus urgentes et immédiates, qui exigent toute notre attention. Presque aucun jour ne passe sans que nous ne soyons distraits de notre but qui nous apparaît alors vague et nébuleux.

Mais, malgré tout, l'expérience nous a montré que, privée d'un but précis, notre existence s'éparpille dans diverses tâches et obligations qui nous vident de nos énergies et nous plongent dans un sentiment d'épuisement et d'incompétence. Comment alors conserver notre but précis, clair, et comment tenir nos yeux fixés sur la récompense? C'est par la discipline de la prière: une discipline qui nous aide à sans cesse ramener Dieu au cœur de notre vie. Nous demeurerons toujours distraits, toujours accaparés par des tâches urgentes à accomplir. Mais, lorsque nous réservons un temps et un endroit pour revenir à Dieu qui nous offre sa vie éternelle, nous prenons progressivement conscience que tout ce que nous avons à accomplir, à dire ou à penser ne nous éloigne plus de notre but, mais au contraire nous en rapproche. Il faut cependant que notre but demeure clair. La prière nous permet de conserver un but bien précis, et de le repréciser lorsque nous le perdons de vue.

3– La vie éternelle

Qu'est-ce que la vie éternelle? Où est-elle? Quand commence-t-elle? J'ai longtemps imaginé la vie éternelle en termes de vie après la fin de mes jours. Pendant la majeure partie de mon existence, j'ai parlé de la vie éternelle comme de la vie «après la vie», après la mort. Mais, plus je vieillis, moins la vie après la mort m'intéresse. Se soucier non seulement du lendemain, de la prochaine année ou de la prochaine décennie, mais aussi de la prochaine vie me semble une fausse préoccupation. Me demander ce qui m'arrivera après ma mort me semble être une distraction. Alors que le but précis que je me suis fixé est la vie éternelle, celle-ci doit être à portée de main dès maintenant, à l'endroit où je me trouve, car la vie éternelle est une vie en Dieu et avec Dieu, et Dieu est avec moi ici et maintenant.

Le grand mystère de la vie spirituelle — la vie en Dieu — réside dans le fait qu'il n'est pas nécessaire de l'attendre comme une chose qui arrivera plus tard. Jésus dit: «Demeurez en moi comme moi, je demeure en vous.» La vie éternelle, c'est cette demeure de Dieu en nous et notre demeure en Dieu. C'est la présence active de Dieu au cœur de ma vie — le mouvement de l'Esprit de Dieu en moi — qui nous donne la vie éternelle.

Tout de même, que penser de la vie après la mort? Lorsque nous vivons en communion avec Dieu, lorsque nous vivons dans la maison de Dieu, il n'y a plus ni «avant» ni «après». La mort n'est plus une ligne de démarcation. La mort a perdu son emprise sur ceux qui appartiennent à Dieu, car Dieu est le Dieu des vivants et non celui des morts. Lorsque nous avons goûté à la joie et à la paix qui découlent de l'emprise de l'amour de Dieu sur nous, nous savons que tout va bien et que tout ira bien: «N'ayez pas peur, nous dit Jésus. J'ai vaincu les puissances de la mort... venez et demeurez chez moi et sachez que là où je suis, là aussi est Dieu.»

Lorsque nous faisons de la vie éternelle notre but précis, celui-ci n'est plus éloigné. C'est un but à atteindre dans le moment présent. Lorsque notre cœur comprend cette vérité divine, nous vivons une vie spirituelle.

4– La lecture spirituelle

La lecture spirituelle constitue une importante discipline de la vie dans l'Esprit. Elle nous permet d'avoir notre mot à dire sur ce qui pénètre en notre esprit. Chaque jour, la société nous bombarde de milliers d'images et de sons. Lorsqu'on circule sur la rue Yonge, au centre-ville de Toronto, on a l'impression de traverser un dictionnaire: tous ces mots, petits et grands, aux couleurs variées, qui réclament notre attention en s'agitant bruyamment. Ils nous crient au visage: «Mange-moi, bois-moi, achète-moi, loue-moi, regarde-moi, parle-moi, couche avec moi!» Nous n'avons pas le choix, nous subissons ce harcèlement malgré nous; nous ne pouvons tout simplement pas aller très loin sans que des mots ou des images ne pénètrent de force dans notre esprit.

Mais voulons-nous vraiment que notre esprit devienne la poubelle du monde? Voulons-nous voir notre esprit rempli de choses qui nous troublent, nous excitent, nous dépriment, nous stimulent, nous répugnent ou nous attirent, que nous considérions ces choses bonnes ou non? Voulons-nous laisser les autres décider de ce qui entrera dans notre esprit et déterminera nos pensées et nos sentiments?

Non, bien sûr, nous ne voulons pas ça; mais une grande discipline s'impose pour laisser Dieu et non le monde prendre le contrôle de notre esprit. Mais cela exige de nous d'être à la fois doux comme des colombes et rusés comme des serpents! Voilà pourquoi la lecture spirituelle est une discipline si utile. Sommes-nous en train de lire un tel livre, choisi parce qu'il nourrit notre esprit et nous rapproche de Dieu? Nos réflexions et nos sentiments seraient grandement influencés si nous apportions toujours avec nous un livre qui nous ramenait sans cesse vers notre direction. Il existe tellement de bons livres sur la vie d'hommes et de femmes qui ont vécu saintement, sur des exemples remarquables d'artisans de paix, sur des communautés qui donnent la vie aux pauvres et aux opprimés, et bien d'autres ouvrages sur la vie spirituelle elle-même. Même si nous ne consacrions qu'une quinzaine de minutes par jour à l'un de ces livres, nous sentirions que notre esprit, au lieu de devenir une poubelle, se transformerait en un réservoir de bonnes pensées.

5– Lire spirituellement

Faire une lecture spirituelle, ce n'est pas seulement lire à propos de choses ou de gens spirituels. C'est également lire spirituellement, c'est-à-dire de manière spirituelle! Lire spirituellement, c'est lire avec le désir de laisser Dieu se rapprocher de nous.

La plupart d'entre nous lisons pour acquérir des connaissances ou pour satisfaire notre curiosité. Quand nous voulons savoir comment réparer une voiture, préparer un repas, construire une maison, aider une personne handicapée, donner une conférence, etc., nous consultons des manuels spécialisés. Lorsque nous voulons nous tenir au courant des nouvelles mondiales, du sport, des spectacles et de la société, nous nous informons par l'intermédiaire de divers journaux et magazines. Le but de la lecture spirituelle n'est pas d'acquérir de l'information ou des connaissances, mais de laisser l'Esprit de Dieu nous envahir. Aussi étrange que cela puisse paraître, la lecture spirituelle consiste à nous laisser lire par Dieu! Nous pouvons lire le récit de la naissance de Jésus avec curiosité en nous demandant: «Est-ce que c'est réellement arrivé? Qui a écrit cette histoire et comment l'a-t-il fait?» Mais nous pouvons lire le même récit avec une attention toute spirituelle et nous demander: «Qu'est-ce que Dieu veut me dire par là et comment m'appelle-t-il à un amour plus désintéressé?» Nous pouvons lire les informations quotidiennes uniquement pour avoir un sujet de conversation au bureau. Mais nous pouvons aussi les lire pour devenir davantage conscients de la réalité de notre monde qui a besoin des paroles et des actes de salut de Dieu.

Le problème n'est pas seulement ce que nous lisons, mais comment nous le lisons. Faire une lecture spirituelle, c'est lire en étant intérieurement attentifs aux mouvements de l'Esprit de Dieu dans notre vie physique et spirituelle. En portant cette attention, nous permettrons à Dieu de nous lire et de nous révéler notre identité profonde.

6– À la recherche du sens

La grande valeur de la lecture spirituelle réside dans le fait qu'elle nous aide à donner un sens à notre vie. Privée de sens, la vie humaine dégénère rapidement. L'être humain ne veut pas seulement vivre, mais il veut également savoir *pourquoi* il vit. Le psychiatre Viktor Frankel, qui a écrit sur ses expériences dans un camp de concentration nazi pendant la Seconde Guerre mondiale, nous démontre de manière convaincante que si notre vie n'a pas de sens, nous ne pouvons survivre bien longtemps. Il est possible de surmonter de nombreuses difficultés quand on sait qu'il y a encore quelqu'un ou quelque chose qui donne un sens à notre vie. La nourriture, la boisson, un abri, le repos, l'amitié et bien d'autres choses sont essentielles à la vie. Mais un sens l'est aussi!

Il est remarquable de constater que nous vivons une grande partie de notre vie sans nous arrêter sur son sens. Il n'est donc pas surprenant que tant de gens soient très occupés mais s'ennuient à mourir! Ils ont des tas de choses à faire et ils se précipitent sans cesse pour les accomplir, mais au-delà de cette frénésie ils se demandent souvent s'il se passe réellement quelque chose.

Lorsqu'on ne réfléchit pas sur sa vie, celle-ci perd vite son sens et devient ennuyante.

La lecture spirituelle est une discipline qui nous permet de réfléchir sur notre vie au fil des jours. Lorsqu'un enfant naît, qu'un ami se marie, qu'un parent meurt, que des gens se révoltent ou qu'une nation est affamée, il ne suffit pas de savoir ce qui se passe et de célébrer, d'être en deuil ou de réagir du mieux que nous pouvons. Il faut continuellement nous demander: «Qu'est-ce que tout cela signifie? Qu'est-ce que Dieu cherche à nous dire? Comment pouvons-nous vivre au beau milieu de tout cela?» Sans de telles questions, nos vies deviennent engourdies et ternes.

Mais existe-t-il des réponses à ces questions? Oui, mais nous ne pourrons jamais les trouver à moins d'accepter tout d'abord de les vivre, confiants que, comme l'affirme Rilke, la réponse s'imposera à nous bien naturellement, sans que nous en ayons conscience. La Bible et nos lectures spirituelles d'une main, le journal de l'autre, nous découvrirons toujours de nouvelles questions, mais nous trouverons également le moyen de les vivre dans la foi, confiants que la réponse nous sera progressivement révélée.

Chapitre VI

La vie spirituelle

1– La petite voix tranquille

Je suis toujours étonné de mon empressement à réaliser un projet, à rencontrer quelqu'un, à finir un travail, bien que je sache parfaitement que d'ici un mois ou même une semaine, j'aurai complètement oublié ce qui me paraissait alors si urgent. Il semble que je partage cette impatience avec plusieurs personnes.

Je me trouvais récemment à l'intersection des rues Bloor et Yonge, au centre-ville de Toronto. Un jeune homme a traversé la rue alors que le feu passait au rouge. Il a failli être heurté par une automobile. Au même moment, des centaines de personnes allaient et venaient dans tous les sens. Leurs visages étaient pour la plupart tendus et sérieux, personne ne saluait personne. Ils étaient tous absorbés dans leurs pensées, cherchant à atteindre un but connu d'eux seuls. De longues files de voitures et de camions traversaient l'intersection ou tournaient au milieu d'une foule de piétons.

Je me suis demandé: «Qu'est-ce qui se passe dans l'esprit de tous ces gens? Que cherchent-ils à faire, qu'espèrent-ils, qu'est-ce qui les motive?» Et comme je me tenais debout à l'intersection, j'aurais aimé entendre les conversations intérieures de chacun. Mais je me suis vite rendu compte que je n'avais pas à être aussi curieux. Ma propre agitation n'était probablement pas si différente de celle des personnes qui m'entouraient!

Pourquoi ai-je tant de mal à rester calme et tranquille, et à laisser Dieu me parler du sens de ma vie? Est-ce parce que je n'ai pas confiance en Dieu? Est-ce parce que je ne le connais pas? Est-ce parce que je me demande si Dieu est là pour moi? Est-ce que c'est parce que j'ai peur de lui? Est-ce parce que tout ce qui m'entoure me semble plus réel que Dieu? Est-ce parce qu'en définitive, je ne crois pas que Dieu se préoccupe de ce qui se passe au coin des rues Bloor et Yonge?

Mais il y a tout de même une voix, là, au centre-ville de Toronto, qui dit: «Venez à moi, vous tous qui êtes fatigués de porter un lourd fardeau, et je vous donnerai le repos. Prenez sur vous mon joug et laissez-moi vous instruire, car je suis doux et humble de cœur, et vous trouverez le repos pour vous-mêmes. Le joug que je vous donnerai est facile à porter et le fardeau que je mettrai sur vous est léger» (Matthieu 11, 28-30).

Puis-je faire confiance à cette voix et la suivre? Elle n'est pas très forte, et elle se perd parfois dans les clameurs de la ville. Malgré tout, si j'écoute attentivement, je l'entendrai sans arrêt et j'en viendrai à comprendre qu'elle est la voix qui s'adresse au plus profond de mon cœur.

2– M'aimes-tu?

L'affirmation «Dieu est amour» a pour nous des implications profondes dès que nous nous mettons à vivre en accord avec elle. Le Dieu qui m'a créé est amour et uniquement amour; avant même qu'un être humain me donne son amour, je suis aimé.

Lorsque j'étais petit, je demandais sans cesse à mon père et à ma mère: «Est-ce que tu m'aimes?» Je posais cette question tellement souvent et avec tant d'insistance qu'elle est devenue une source d'irritation pour mes parents. Même s'ils m'ont assuré des centaines de fois qu'ils m'aimaient, je ne paraissais jamais satisfait de leur réponse et je reposais toujours ma question. Maintenant, plusieurs années plus tard, je prends conscience que je leur posais une question à laquelle ils ne pouvaient pas répondre. Je voulais qu'ils m'aiment d'un amour éternel. J'ai saisi cela car ma question: «Est-ce que tu m'aimes?» s'accompagnait toujours d'une autre: «Est-ce que je dois mourir?» Je devais savoir inconsciemment que si mes parents m'aimaient d'un amour total, illimité et inconditionnel, je ne mourrais jamais. C'est pourquoi je continuais à les ennuyer en gardant l'espoir étrange que je serais l'exception à la règle qui veut que nous mourrons tous un jour.

Nous consacrons beaucoup d'énergie à cette question: «Est-ce que tu m'aimes?» À mesure que nous vieillissons, nous adoptons des manières beaucoup plus subtiles et raffinées de la poser. Nous disons: «As-tu confiance en moi, te préoccupes-tu de moi, m'apprécies-tu, m'es-tu fidèle, vas-tu m'appuyer, diras-tu du bien à mon sujet, et ainsi de suite?» La plus grande partie de nos souffrances résulte de nos expériences d'avoir été mal aimés.

Le grand défi spirituel est de découvrir, avec le temps, que l'amour limité, conditionnel et temporel que nous recevons de nos parents, de notre époux, de notre épouse, de nos enfants, de nos professeurs, de nos collègues et de nos amis, est le reflet de l'amour de Dieu qui est illimité, inconditionnel et éternel. Chaque fois que nous réussissons à faire ce grand saut dans la foi, nous savons que la mort n'a plus le dernier mot mais qu'elle est la voie vers la plénitude de l'amour de Dieu.

3– Du fatalisme à la foi

Nous sommes toujours tentés par le fatalisme. Lorsque nous disons: «J'ai toujours été impatient; je dois me résigner à l'accepter», nous sommes fatalistes. Lorsque nous disons: «Cette personne n'a jamais eu un père ou une mère qui l'a aimée, il ne faut donc pas se surprendre de la voir aboutir en prison», nous parlons en fatalistes. Lorsque nous disons: «Enfant, elle a subi des agressions sexuelles; comment pouvons-nous nous attendre à ce qu'elle ait une saine relation avec un homme», nous permettons au fatalisme de nous obscurcir l'esprit. Quand nous disons: «Les guerres entre les nations, la famine qui fait périr des millions de gens, l'épidémie de sida et la crise économique qui sévit dans le monde entier sont autant de preuves qu'il n'y a aucune raison d'espérer», nous sommes devenus les victimes du fatalisme.

Le fatalisme est une attitude qui nous fait vivre comme des victimes passives de circonstances extérieures échappant à notre contrôle.

À l'opposé du fatalisme se trouve la foi. Avoir la foi, c'est croire fermement que l'amour de Dieu est plus fort que toutes les puissances anonymes du monde et qu'il peut nous transformer de victimes des ténèbres en serviteurs de la lumière.

Après que Jésus ait chassé les démons d'un garçon lunatique, ses disciples lui ont demandé: «Pourquoi n'avons-nous pas pu faire sortir cet esprit?» Jésus leur répondit: «Parce que vous avez trop peu de foi. Je vous le déclare, c'est la vérité: si vous aviez de la foi gros comme un grain de moutarde, vous diriez à cette colline: "Déplace-toi d'ici à là-bas", et elle se déplacerait. Rien ne vous serait impossible» (Matthieu 17, 19-20).

Il est important d'identifier nos nombreuses façons de penser, de parler ou d'agir avec fatalisme et, petit à petit, de les transformer en des moments de foi. Ce mouvement du fatalisme à la foi fera disparaître les ténèbres de notre cœur et nous transformera en témoins confiants que le pouvoir de l'amour peut réellement transporter des montagnes.

4– Sous la croix

Il est si difficile de voir la vie d'en haut, de la perspective de Dieu! Récemment, mon bon ami Jonas m'a téléphoné. D'une voix brisée par les larmes, il m'a annoncé que sa fille Rebecca était décédée quatre heures après sa naissance. Jonas, sa femme Margaret et leur jeune fils Samuel avaient attendu sa naissance avec tellement d'impatience! Elle était née prématurément mais ses chances de survie étaient bonnes. Cependant, il était vite devenu évident qu'elle ne vivrait pas longtemps. Jonas baptisa Rebecca; lui et sa femme la tinrent dans leurs bras pendant quelque temps, puis ce fut la fin.

Jonas m'a dit: «Quittant l'hôpital, dans ma voiture, je ne cessais de dire à Dieu: "Mon Dieu, tu m'as donné Rebecca; maintenant je te la rends." Mais ça fait tellement mal, c'est la perte d'un si bel avenir, je me sens tellement vide!»

«Rebecca est ta fille, lui ai-je répondu, et elle demeurera toujours ta fille et celle de Margaret. Elle ne vous a été donnée que pour quelques heures, mais ces quelques heures n'ont pas été en vain. Aie confiance, Samuel a une sœur, et toi et ta femme avez une fille qui repose entre les bras de Dieu. Tu l'as marquée du signe de la croix de Jésus, dont vous avez aussi été marqués, Margaret, Samuel et toi. Sous ce signe, votre amour grandira et s'approfondira même si votre cœur est transpercé.»

Nous avons parlé longtemps au téléphone. Nous aurions tellement voulu nous jeter dans les bras l'un de l'autre et pleurer ensemble; nous aurions tellement voulu être tout simplement ensemble et trouver une certaine consolation dans notre amitié.

Pourquoi une telle chose se produit-elle? Pour que la gloire de Dieu soit révélée? Il est si difficile de répondre oui lorsque notre cœur est rempli de ténèbres!

Je contemple Marie qui tient sur ses genoux le corps de Jésus. Je pense à Margaret et à Jonas tenant dans leurs bras la petite Rebecca. Et je prie.

5– La vie d'action de grâce

Comment pouvons-nous vraiment vivre dans l'action de grâce? Quand nous passons en revue tout ce qui nous est arrivé, nous pouvons facilement séparer notre vie en deux parties: les bonnes choses, pour lesquelles nous pouvons être reconnaissants, et les mauvaises, à oublier. Mais avec un passé ainsi divisé, nous ne pouvons pas avancer librement vers l'avenir. Avec autant de choses à oublier, nous ne pouvons qu'avancer en boitant.

La véritable gratitude spirituelle englobe tout notre passé, les événements positifs de même que les négatifs, les moments joyeux tout autant que les malheureux. Tout ce que nous avons vécu jusqu'à maintenant a contribué à nous conduire ici. Nous voulons nous souvenir de tous les moments comme autant d'étapes de notre marche avec Dieu. Cela ne veut pas dire que tout ce qui nous est arrivé était bon, mais que même nos mauvaises expériences ne se sont pas produites sans la présence aimante de Dieu.

Les souffrances de Jésus lui ont été imposées par les forces des ténèbres. Mais il parle tout de même de ses souffrances et de sa mort comme de moyens pour entrer dans sa gloire.

Il est très difficile de regarder constamment notre passé à la lumière de l'action de grâce. Il y a tant de choses pour lesquelles nous ressentons de la culpabilité et de la honte; tellement d'événements que nous aimerions n'avoir jamais vécus. Mais chaque fois que nous avons le courage de regarder notre passé dans son entier, avec le regard de Dieu, notre culpabilité devient heureuse et notre honte aussi, parce qu'elles nous ont amenés à une plus grande reconnaissance de la miséricorde de Dieu, à une conviction plus profonde d'être conduits par Dieu, et à un engagement plus radical à une vie au service de Dieu.

Une fois notre passé rappelé dans l'action de grâce, nous devenons libres pour être envoyés dans le monde proclamer la Bonne Nouvelle. Tout comme les reniements de saint Pierre ne l'ont pas paralysé mais, une fois pardonnés, se sont transformés en une nouvelle source de fidélité, de même tous nos échecs et trahisons peuvent être transformés en action de grâce pour nous permettre de devenir des messagers d'espérance.

6– La bénédiction des pauvres

Jean Vanier, le fondateur canadien des communautés de l'Arche à l'intention des personnes avec un handicap intellectuel, a remarqué plus d'une fois que Jésus n'a pas dit: «Bienheureux ceux qui prennent soin des pauvres», mais bien «Bienheureux les pauvres». Cette phrase, si simple soit-elle, offre la clé du Royaume de Dieu.

Je veux me rendre utile. Je veux faire quelque chose pour les gens dans le besoin. Je veux offrir du réconfort à ceux qui ont de la peine et soulager les douleurs de ceux qui souffrent. Il n'y a bien sûr rien de mal à cela. C'est un désir noble et rempli de grâce. Mais, si je ne prends pas conscience que la bénédiction de Dieu me parvient par l'intermédiaire de ceux et de celles que je veux aider, mon secours sera de courte durée et je serai rapidement épuisé.

Comment continuer à prendre soin des pauvres quand les pauvres ne font que s'appauvrir? Comment continuer à soigner les malades quand leur état ne s'améliore pas? Comment continuer à consoler les mourants quand leur mort ne fait que me plonger plus profondément dans la douleur? La réponse: parce qu'ils me portent une bénédiction que j'ai besoin de recevoir. Exercer un ministère, c'est d'abord recevoir la bénédiction de Dieu transmise par les personnes que je sers. Quelle est cette bénédiction? C'est un reflet du visage de Dieu. Voir Dieu, voilà en quoi consiste le ciel! Nous pouvons voir Dieu dans le visage de Jésus, et nous pouvons voir le visage de Jésus dans tous ceux et celles qui ont besoin de notre aide.

J'ai demandé un jour à Jean Vanier: «Comment fais-tu pour trouver la force de rencontrer chaque jour autant de gens, et de les écouter parler de leurs problèmes et de leurs souffrances?» Il m'a souri gentiment et a répondu: «Ils me font voir Jésus et me donnent la vie.» Ici se trouve le grand mystère du service chrétien. Ceux et celles qui servent Jésus dans les pauvres seront nourris par Celui qu'ils servent: «Il attachera sa ceinture, les fera asseoir pour le repas et viendra les servir» (Luc 12, 37).

Nous avons tellement besoin de bénédiction. Les pauvres attendent pour nous la donner.

7– Le cadeau d'Adam

Nous ne découvrons que progressivement la bénédiction que les pauvres ont à offrir à ceux et celles qui leur viennent en aide. J'ai compris cela à l'occasion du séjour du Père Bruno, ancien abbé d'un monastère contemplatif, venu vivre quelques mois avec nous dans la communauté de l'Arche Daybreak. La communauté lui a demandé de s'installer dans la maison appelée «La nouvelle maison» et de s'occuper d'Adam.

Adam est un homme lourdement handicapé. Il ne parle pas et ne peut pas marcher tout seul. Il ne peut ni reconnaître une personne ni communiquer par signe. Il a besoin d'aide pour tout ce qu'il fait: se lever, prendre son bain, s'habiller, se brosser les dents, se raser et se peigner. Manger est la seule chose qu'il puisse faire tout seul! Il adore manger; avec une cuillère qu'il empoigne fermement, il peut porter la nourriture de son assiette à sa bouche. Il peut également tenir un verre ou une tasse pour boire son lait ou son jus.

Bruno s'est mis à aimer Adam. Il lui a donné tout son temps et toute son attention. Pendant trois mois, Bruno et Adam étaient inséparables.

Avant de partir, Bruno est venu me voir et m'a dit: «En tant qu'abbé, j'ai donné plusieurs conférences sur la vie spirituelle et j'ai essayé de mettre en pratique ce que j'enseignais. J'ai étudié *The Cloud of Unknowing* et d'autres écrits mystiques; j'ai toujours su que je devais faire le vide en moi pour accueillir Dieu, abandonner progressivement les pensées, les émotions, les sentiments et les passions qui empêchaient cette profonde communion à laquelle j'aspirais. Lorsque j'ai rencontré Adam, j'ai rencontré un homme qui, bien que considéré comme lourdement handicapé par tout le monde, était choisi par Dieu pour m'apporter la grâce de sa présence. Au fur et à mesure que je passais du temps avec Adam, je me suis senti envahi par une profonde paix intérieure. Dans le "vide" d'Adam se trouvait un cadeau pour moi — et pour d'autres avant moi: la plénitude de l'amour divin, une puissante attirance pour la vie mystique; c'est-à-dire une vie de communion avec Dieu.» Ces paroles m'ont profondément touché et m'ont fait comprendre que Dieu avait placé Adam sur la route de Bruno pour qu'il soit son guide spirituel.

8– Deux par deux

Voyager est rarement une bonne chose pour la vie spirituelle. Surtout voyager seul. Les avions, les aéroports, les autobus et les terminus, les trains et les gares remplis de gens circulant ici et là, embarrassés de magazines, de livres et d'objets inutiles — c'en est trop, c'est trop sensuel et distrayant pour nous permettre de garder notre cœur et notre esprit fixés sur Dieu. Lorsque je voyage seul, je mange trop, je bois trop et je regarde trop ce qui se passe autour de moi. Pendant ce temps, je permets à mon esprit de voguer vers des lieux dangereux et imaginaires et je permets à mon cœur de dériver, rempli d'émotions et de sentiments confus.

Jésus ne veut pas que nous voyagions seul. Il nous a envoyés deux par deux en nous disant: «Allez! Voici que je vous envoie comme des agneaux au milieu des loups, soyez donc rusés comme les serpents, mais aussi doux que les colombes» (cf. Luc 10, 3).

Depuis que je vis dans la communauté Daybreak, comprenant des personnes avec un handicap mental, je voyage rarement seul. La communauté m'envoie avec Bill, Francis, David, Peter et plusieurs autres membres handicapés, pas seulement parce qu'ils aiment voyager, mais aussi parce que j'ai besoin de leur appui. Et quelle différence!

Le fait de voyager ensemble a radicalement transformé le sens de mes voyages. De tournées de conférences qu'ils étaient, ils sont devenus des missions; d'occasions de tentations, ils sont devenus des aventures spirituelles; de moments de solitude, ils sont devenus des occasions de faire communauté.

Les paroles de Jésus: «Lorsque deux ou trois sont réunis en mon nom, je suis là au milieu d'eux», sont devenues très réelles pour moi. Ensemble, nous sommes mieux armés pour lutter contre les séductions qui nous entourent; ensemble, nous pouvons révéler un aspect de Dieu que nous sommes incapables de révéler individuellement. En effet, ensemble, nous pouvons être à la fois rusés comme des serpents et doux comme des colombes.

Chapitre VII

La prière

1– La réponse de mère Teresa

J'ai eu un jour l'occasion, il y a plusieurs années, de rencontrer mère Teresa de Calcutta. J'étais alors aux prises avec de nombreux problèmes et j'ai profité de l'occasion pour lui demander conseil. Aussitôt assis, je me suis mis à lui faire part de tous mes problèmes et difficultés — en essayant de la convaincre que c'était vraiment très compliqué. Puis, au bout de dix minutes d'explications détaillées, je me suis tu. Mère Teresa me regarda alors tranquillement et me dit: «Eh bien, lorsque tu consacreras une heure de ta journée à adorer ton Seigneur et que tu ne feras rien que tu saches mal... tout ira bien!»

À ces mots, j'ai soudain pris conscience qu'elle venait de crever la grosse bulle de mes apitoiements sur mon sort et m'invitait à sortir de moi-même pour me diriger vers le lieu de la vraie guérison. En fait, j'étais tellement surpris de sa réponse que je n'ai senti ni le désir ni le besoin de poursuivre notre conversation. Tous les gens qui l'attendaient à l'extérieur pourraient sûrement bénéficier de ses conseils beaucoup plus que moi. Je me suis donc levé en la remerciant. Jusqu'à ce jour, les quelques mots de mère Teresa sont restés gravés dans mon esprit et dans mon cœur. Je ne m'attendais pas à de telles paroles mais, par leur simplicité et par leur franchise, elles sont entrées au plus profond de mon être. Je savais qu'elle avait dit la vérité et que je disposais du reste de ma vie pour la mettre en pratique.

En réfléchissant à cette rencontre brève mais déterminante, je me rends compte que j'avais posé une question «d'en bas» et que sa réponse venait «d'en haut». Au début, ses paroles m'ont semblé ne pas répondre à ma question, puis j'ai réalisé qu'elles venaient de Dieu et non de l'origine de mes plaintes. Nous répondons la plupart du temps à des questions d'en bas par des réponses d'en bas. Il en résulte de nouvelles questions et souvent une plus grande confusion.

La réponse de mère Teresa fut comme une grande lumière éclairant mes ténèbres. Tout à coup, j'ai fait la vérité sur ma vie.

2– De l'inquiétude à la prière

L'un des moyens les moins efficaces pour cesser de nous faire du souci est de tenter de ne plus penser aux choses qui nous inquiètent. Nous ne pouvons pas faire disparaître nos soucis de notre esprit. Étendu sur mon lit, me souciant d'une prochaine réunion, je ne peux pas m'en sortir en me disant: «Cesse de penser à cela, endors-toi. Les choses iront mieux demain.» Mon esprit me répond simplement: «Comment peux-tu en être certain?» Et je recommence à m'inquiéter.

Le conseil de Jésus de garder notre cœur fixé sur le Royaume de Dieu semble quelque peu paradoxal. Nous pouvons être portés à lui donner la signification suivante: «Si tu tiens à t'inquiéter, que ce soit pour quelque chose qui en vaut la peine. Fais-toi du souci pour des choses plus fondamentales que ta famille, tes amis ou la réunion de demain. Soucie-toi des choses de Dieu: la vérité, la vie et la lumière!»

Cependant, dès que nous gardons notre cœur fixé sur ces choses, notre esprit cesse de tourner dans le vide car nous entrons en communion avec celui qui nous est présent ici et maintenant pour nous donner ce dont nous avons le plus besoin. L'inquiétude se change alors en prière, et nos sentiments d'impuissance se transforment en certitude d'être fortifiés par l'Esprit de Dieu.

Nous ne pouvons prolonger notre vie en nous inquiétant, mais nous pouvons dépasser les frontières de notre courte vie mortelle pour prétendre à la vie éternelle en tant qu'enfants bien-aimés de Dieu.

Cela suffit-il à mettre fin à notre inquiétude? Probablement pas. Tant et aussi longtemps que nous vivrons dans un monde chargé de tensions et de pressions, notre esprit ne sera jamais libre de tout souci; mais lorsque nous retournons, de cœur et d'esprit, dans les bras amoureux de Dieu, nous sommes en mesure de continuer à sourire devant nos petites inquiétudes, en gardant nos yeux et nos oreilles ouverts aux signes du Royaume de Dieu.

3– De l'esprit au cœur

Comment réussissons-nous concrètement à centrer notre cœur et notre esprit sur le Royaume de Dieu? Lorsque je suis couché, incapable de m'endormir à cause de mes nombreux soucis, lorsque je travaille, préoccupé par tout ce qui pourrait aller mal, lorsque je n'arrive pas à cesser de penser à un ami mourant — que dois-je faire? Centrer mon cœur sur le

Royaume? C'est facile à dire, mais comment y arriver?

Il existe autant de réponses à cette question qu'il y a de personnes aux styles de vie, personnalités et environnements différents. Il n'existe pas de manière universelle de répondre aux besoins de chacun. Mais certaines réponses peuvent fournir des indications utiles.

L'une d'elles consiste à passer de l'esprit au cœur en répétant lentement une prière de façon aussi attentive que possible. Ceci peut avoir l'air d'offrir une béquille à quelqu'un qui vous demande de guérir sa jambe fracturée. Mais en réalité, la prière, celle qui vient du cœur, guérit. Savoir par cœur les mots du «Notre Père», du «Je crois en Dieu» et du «Gloire soit au Père» est un bon point de départ. Peut-être aimerez-vous connaître par cœur le psaume 22: «Le Seigneur est mon berger...», les paroles de saint Paul sur l'amour dans la première lettre aux Corinthiens ou la prière de saint François: «Mon Dieu, fais de moi un instrument de ta paix...» Couché dans votre lit, au volant de votre voiture, en attendant l'autobus ou en promenant votre chien, vous pouvez lentement laisser ces mots traverser votre esprit, en essayant simplement de les écouter avec tout votre être. Vous serez sans cesse distraits par vos inquiétudes, mais si vous persistez à retourner aux mots de la prière, vous découvrirez progressivement que vos soucis perdent de leur intensité et que vous prenez réellement plaisir à prier. Et, à mesure que la prière passe de votre esprit au centre de votre être, vous en découvrirez le pouvoir de guérison.

4– Rien à désirer

Pourquoi la répétition attentive d'une prière connue est-elle si utile pour centrer notre cœur sur le Royaume? Parce que les mots d'une telle prière ont le pouvoir de transformer notre inquiétude intérieure en paix intérieure.

Longtemps j'ai prié avec les paroles du psaume 22: «Le Seigneur est mon berger: je ne manque de rien. Sur des prés d'herbe fraîche, il me fait reposer. Il me mène vers les eaux tranquilles et me fait revivre.» Je répétais ces mots chaque matin pendant une demi-heure, calmement assis dans une chaise, en essayant d'être attentif aux paroles que je répétais. Je les reprenais dans la journée pendant mes déplacements, et je priais même au cours de mes activités routinières. Ces mots contrastent violemment avec la réalité de ma vie. Je désire plusieurs choses; je vois surtout des routes encombrées et des centres commerciaux assez laids; et si je marche sur les rives d'un cours d'eau, il est souvent pollué. Mais au fur et à mesure que je continue de répéter: «Le Seigneur est mon berger...» et que je permets à l'amour de Dieu qui me conduit d'entrer plus profondément en mon cœur, je deviens de plus en plus conscient que les routes encombrées, les affreux centres commerciaux et les cours d'eau pollués ne révèlent pas qui je suis vraiment. Je n'appartiens pas aux puissances et aux principautés qui gouvernent le monde, mais au Bon Pasteur qui connaît ses brebis et que ses brebis connaissent. En présence de mon Seigneur et Berger, vraiment rien ne saurait me manquer. Il me donnera vraiment le repos que mon cœur désire et il me tirera des profondeurs de ma déprime.

Il est bon de savoir que des millions d'autres personnes ont répété ces paroles au cours des siècles et y ont puisé réconfort et consolation. Je ne suis pas seul lorsque je prie avec ces mots. Je suis entouré d'innombrables hommes et femmes, près et loin, vivants ou morts, récemment ou il y a très longtemps. Je sais aussi que, longtemps après ma mort, on continuera à répéter ces paroles jusqu'à la fin des temps.

Plus ces mots pénètrent profondément au cœur de mon être, plus je suis en communion avec le peuple de Dieu et mieux je comprends ce que veux dire être dans le monde sans être du monde.

5– Contempler l'Évangile

Quel que soit le moyen que nous utilisons pour fixer notre cœur et notre esprit sur le Royaume, son importance réside uniquement dans sa capacité à nous rapprocher de Dieu. La répétition attentive d'une prière s'est avérée utile pour y arriver. Une autre façon consiste à méditer quotidiennement l'Évangile. Chaque jour de l'année, la liturgie propose un passage de l'Évangile. Chacun de ces textes renferme pour nous un trésor. Lire chaque matin le récit de la vie de Jésus choisi pour ce jour, le regarder et l'écouter avec les yeux et les oreilles du cœur a été pour moi d'une grande valeur spirituelle. J'ai découvert que, lorsque je le fais sur une longue période, la vie de Jésus devient de plus en plus vivante en moi et elle commence à me guider dans mes activités quotidiennes.

Je me suis souvent surpris à dire: «Le passage de l'Évangile que j'ai lu ce matin était exactement ce dont j'avais besoin aujourd'hui!» C'était beaucoup plus qu'une heureuse coïncidence. En fait, ce n'était pas qu'un passage biblique m'aidait à résoudre un problème concret, mais bien que les nombreux textes que j'avais médités me donnaient progressivement des yeux nouveaux et des oreilles nouvelles pour voir et entendre ce qui se passe dans le monde. L'Évangile ne m'était pas utile pour soulager mes inquiétudes, mais me montrait plutôt leur inutilité et par le fait même réorientait toute mon attention.

Il y a quelque temps, j'essayais très fort d'aider deux amis à résoudre leurs problèmes matrimoniaux. Les nombreux passages de l'Évangile que je lisais jour après jour m'ont fait prendre conscience que j'essayais davantage d'être un bon conseiller que d'aider mes amis à être vraiment ouverts à la volonté de Dieu, quelles que soient les implications pour leur vie future. Je suis devenu moins centré sur mes efforts pour résoudre leurs problèmes et plus libre pour devenir un instrument de guérison divine.

La méditation quotidienne de l'Évangile est l'un des moyens les plus efficaces de centrer notre esprit et notre cœur sur le Royaume.

6– Les images de nos murs intérieurs

La méditation quotidienne de l'Évangile et la répétition attentive d'une prière peuvent toutes deux transformer profondément notre vie intérieure. Cette vie intérieure est comme un lieu sacré qu'il nous faut garder en bon ordre et bien décoré. La prière, peu importe sa forme, est un moyen pour faire de cette demeure intérieure un endroit où nous pouvons accueillir les personnes qui cherchent Dieu.

Après avoir lentement répété pendant quelques semaines les paroles de saint Paul: «L'amour prend patience; l'amour rend service; l'amour ne jalouse pas... il ne cherche pas son intérêt», ces mots en sont venus à occuper une place sur les murs de ma demeure intérieure, comme un diplôme dans un cabinet de médecin. Ce n'était évidemment pas une apparition, mais plutôt l'émergence d'une image. Cette image d'un tableau renfermant des mots sacrés, accroché sur le mur de ma demeure intérieure, m'a donné une nouvelle compréhension de la relation entre la prière et le ministère.

Chaque fois que je rencontre quelqu'un, je le reçois dans ma demeure intérieure, confiant que les tableaux qui ornent mes murs guideront notre rencontre.

Au cours des années, j'ai accroché beaucoup d'autres tableaux sur mes murs intérieurs. Sur certains on voit des mots, sur d'autres des gestes de bénédiction, de pardon, de réconciliation et de guérison. Sur plusieurs, on voit des personnes: le visage de Jésus et de Marie, celui de

sainte Thérèse de Lisieux et de Charles de Fou-
cauld, celui de Ramakrishna et du dalaï lama.

Il est très important que les murs de notre
demeure intérieure soient ornés de tableaux,
qui permettent aux personnes qui entrent dans
notre vie d'y découvrir où elles se trouvent et
où elles sont invitées à aller. Sans prière et sans
méditation, les murs de notre demeure intérieure resteront nus et inspireront peu de gens.

7– Un environnement spirituel

On ne peut vivre une vie spirituelle tout
seul. La vie de l'Esprit est comme une graine qui
a besoin d'une terre fertile pour se développer.
Cette terre comprend non seulement de bonnes
dispositions intérieures, mais aussi un environnement favorable.

Il est très difficile de mener une vie de prière
dans un environnement où personne ne prie ni
ne parle amoureusement de la prière. Il est presque impossible d'approfondir notre communion avec Dieu lorsque ceux et celles avec qui
nous vivons et travaillons rejettent ou même
tournent en ridicule l'idée qu'il existe un Dieu
d'amour. C'est une tâche surhumaine de garder
notre cœur fixé sur le Royaume quand tous
ceux et celles que nous connaissons et avec qui

nous parlons ont le cœur fixé sur tout, sauf sur le Royaume.

Il n'est pas surprenant de constater que les personnes qui vivent en milieu séculier — où le nom de Dieu n'est jamais mentionné, où la prière est inconnue, où la Bible n'est jamais lue et où on ne parle jamais de l'Esprit — ne peuvent maintenir bien longtemps leur communion avec Dieu. J'ai découvert combien je suis sensible à mon milieu. Dans ma communauté, nous parlons spontanément et avec aisance de la présence de Dieu dans notre vie. Mais lorsque je participe à une réunion d'affaires au centre-ville de Toronto ou que je tiens compagnie aux personnes qui travaillent avec des patients souffrant du sida, un échange sur Dieu cause souvent de l'embarras et même de la colère, et finit la plupart du temps par un débat sur le pour et le contre de la religion, débat qui laisse tout le monde insatisfait.

Lorsque nous vivons sérieusement notre vie spirituelle, nous devenons alors responsables de trouver un milieu où elle pourra grandir et mûrir. Même si nous sommes incapables de créer le contexte idéal pour une vie dans l'Esprit, nous avons beaucoup plus de choix que nous le croyons. Nous avons le choix dans des domaines variés: les amis, les livres, les églises, l'art, la musique, les endroits que nous visitons et les gens que nous fréquentons; tout cela offre un environnement permettant au grain de moutarde semé par Dieu en nous de devenir un arbre imposant.

Chapitre VIII

La compassion

1– De la compétition à la compassion

Toutes les grandes religions reposent sur un concept central: la compassion. Les écrits sacrés des hindous, des bouddhistes, des musulmans, des juifs et des chrétiens parlent tous de Dieu comme du Dieu de la compassion. Dans un monde où la compétition continue à régler les rapports entre les humains, tant dans les domaines politique, sportif ou économique, tous les véritables croyants proclament que le chemin vers Dieu est un chemin de compassion, non de compétition.

Comment est-il possible de placer la compassion au centre de notre vie? En tant qu'êtres humains inquiets, anxieux, vulnérables et mortels — toujours en lutte pour notre survie, d'une façon ou d'une autre —, la compétition semble nous offrir beaucoup de satisfaction. Aux Jeux olympiques comme dans les campagnes présidentielles américaines, il est clair que ce qui est le plus recherché et admiré, ce sont les gagnants.

Mais Jésus nous dit: «Soyez compatissants, comme votre Père du ciel est compatissant» et, au cours des âges, tous les grands guides spirituels ont fait écho à ces paroles. La compassion, qui signifie littéralement souffrir avec, est le chemin vers la vérité qui veut que nous soyons davantage nous-mêmes, non pas lorsque nous sommes différents des autres, mais lorsque nous sommes semblables à eux. En effet, la principale question spirituelle n'est pas: «Comment es-tu différent?» mais bien: «Qu'avons-nous en commun?» Ce qui nous rend pleinement humains n'est pas l'excellence mais le service. Le chemin vers la guérison et la réconciliation ne consiste pas à prouver notre supériorité aux autres, mais à reconnaître que nous sommes tout simplement semblables à eux.

La compassion, être avec les autres dans leurs souffrances et entrer volontairement en relation avec les faibles, c'est la manière de Dieu pour assurer la justice et la paix parmi les humains. Cela est-il possible? Oui, mais uniquement lorsque nous osons vivre avec la conviction que nous n'avons pas à entrer en compétition pour aimer, mais que l'amour est un don gratuit de celui qui nous appelle à la compassion.

2– Être le bien-aimé

Jésus nous montre la voie vers la compassion, non seulement par ses paroles mais aussi par ses actes. Jésus parle et agit en tant que Fils bien-aimé de Dieu. L'un des moments les plus marquants de sa vie nous est raconté par saint Matthieu: «Dès que Jésus fut baptisé, il sortit de l'eau. Au même moment les cieux s'ouvrirent pour lui: il vit l'Esprit de Dieu descendre comme une colombe et venir sur lui. Et une voix venant des cieux déclara: "Celui-ci est mon Fils bien-aimé: je mets en lui toute ma joie"» (Matthieu 3, 16-17).

Cet événement révèle la véritable identité de Jésus. Il est le Fils bien-aimé de Dieu. Cette vérité spirituelle guidera ses pensées, ses paroles et ses actions tout au long de sa vie. C'est le rocher sur lequel reposera son ministère de compassion. Cela devient très évident lorsque nous apprenons que l'Esprit, descendu sur lui lorsqu'il sortit des eaux du Jourdain, l'a aussi envoyé au désert pour être tenté. Là, le «Tentateur» est venu lui demander de prouver qu'il méritait d'être aimé. Il lui a dit: «Fais quelque chose d'utile: change les pierres en pain. Fais quelque chose de sensationnel: jette-toi du haut du Temple. Fais quelque chose qui te donnera du pouvoir: adore-moi.» Ces trois tentations étaient trois moyens de persuader Jésus de devenir un concurrent dans la course pour l'amour. Le monde du Tentateur est précisément celui où les gens entrent en compétition pour être aimés en faisant des choses utiles, sensationnelles et puissantes, pour gagner des médailles qui leur obtiennent affection et admiration.

Mais la réponse de Jésus est sans équivoque: «Je n'ai pas à prouver que je suis digne d'être aimé. Je suis le Fils bien-aimé de Dieu, celui en qui il met toute sa joie.» C'est précisément cette victoire sur le Tentateur qui a donné à Jésus la liberté de choisir la compassion.

3– Le mouvement descendant

Vivre la compassion, c'est entrer dans un mouvement descendant! Dans une société où le mouvement ascendant est de rigueur, le mouvement descendant est non seulement découragé mais considéré imprudent, malsain ou carrément stupide. Qui préférera librement un emploi mal rémunéré, lorsqu'il a la chance d'en accepter un qui paye bien? Qui acceptera la pauvreté à la richesse, quand celle-ci est à la portée de la main? Qui choisira de se cacher, lorsqu'il a la chance d'être bien en vue? Qui choisira de demeurer avec une seule personne dans le besoin, quand plusieurs autres pourraient être aidées en même temps? Qui préférera se réfugier dans la solitude et dans la prière, alors que tant de besoins urgents sont exprimés de toutes parts?

Toute ma vie, j'ai été entouré de gens bien intentionnés qui m'encourageaient à aller «encore plus haut». L'argument le plus utilisé était: «Tu peux faire là tellement de bien à tant de gens.»

Mais toutes ces voix qui m'encourageaient à un mouvement ascendant sont entièrement absentes de l'Évangile. Jésus dit: «Celui qui aime sa vie la perdra, mais celui qui refuse de s'y attacher dans ce monde la gardera pour la vie éternelle» (Jean 12, 25). Il dit aussi: «Si vous ne changez pas pour devenir comme les enfants, vous n'entrerez pas dans le Royaume des cieux» (Matthieu 18, 3). Il dit enfin: «Vous savez que les chefs des peuples les commandent en maîtres et que les grands personnages leur font sentir leur pouvoir. Mais cela ne doit pas se passer ainsi parmi vous. Au contraire, si l'un de vous veut être grand, il doit être votre serviteur, et si l'un de vous veut être le premier, il doit être votre esclave: c'est ainsi que le Fils de l'homme n'est pas venu pour se faire servir, mais il est venu pour servir, et donner sa vie comme rançon pour libérer beaucoup d'hommes» (Matthieu 20, 25-28).

Voilà le mouvement descendant, la voie que Jésus a choisie. C'est le chemin qui conduit aux pauvres, à ceux et celles qui souffrent, aux marginaux, aux prisonniers, aux réfugiés, aux personnes seules, aux affamés, aux mourants, aux victimes de la torture, aux sans-abri, à tous ceux et celles qui réclament notre compassion. Qu'ont-ils à nous offrir? Pas le succès, ni la popularité ni le pouvoir, mais la joie et la paix des enfants de Dieu.

4– Le cadeau secret de la compassion

Le mouvement descendant, c'est-à-dire le mouvement vers ceux et celles qui souffrent pour partager leurs souffrances, semble pouvoir être qualifié de masochiste ou même de morbide. Quelle joie peut bien nous procurer la solidarité avec les pauvres, les malades et les mourants? Quelle joie peut bien renfermer la compassion?

Des gens comme saint François d'Assise, Charles de Foucault, le mahatma Gandhi, Albert Schweizter et Dorothy Day et tant d'autres étaient loin d'être masochistes ou morbides. Ils resplendissaient de joie. Il est évident que cette joie n'est pas tellement répandue dans le monde. Si on voit ce qu'en disent les médias, la joie devrait découler du succès, de la popularité et du pouvoir, même si ceux qui les possèdent ont souvent le cœur lourd et sont même déprimés.

La joie apportée par la compassion est l'un des secrets les mieux gardés de l'humanité. C'est un secret qui n'est connu que de quelques personnes, un secret qu'il faut sans cesse redécouvrir.

J'en ai eu quelques aperçus. Lorsque je suis arrivé à Daybreak, une communauté comprenant des gens ayant un handicap intellectuel, on m'a demandé de passer quelques heures en compagnie d'Adam, l'un des membres handicapés de cette communauté. Chaque matin, je devais l'aider à se lever, lui donner son bain, le raser, lui brosser les dents, le peigner, l'habiller, le conduire dans la cuisine, lui donner à déjeuner et l'amener à l'endroit où il passait la journée. Pendant les premières semaines, j'étais surtout craintif, j'avais toujours peur de mal faire quelque chose ou qu'Adam fasse une crise d'épilepsie. Mais, petit à petit, je me suis détendu et me suis mis à aimer notre routine quotidienne. Au fil des semaines, j'ai découvert combien j'avais hâte de passer ces deux heures en compagnie d'Adam. Chaque fois que je pensais à lui pendant la journée, j'étais reconnaissant de l'avoir comme ami. Même s'il était incapable de parler ou de me donner un signe de reconnaissance, il existait entre nous un amour véritable. Le temps que je passais avec Adam était le moment le plus important de ma journée. Un ami de passage m'a un jour demandé: «Ne pourrais-tu pas mieux employer ton temps qu'à t'occuper de cet homme handicapé? Est-ce pour ce type de travail que tu as fait tant d'années d'étude?» J'ai alors pris conscience que je ne pouvais pas lui faire comprendre avec des mots toute la joie qu'Adam m'apportait. Il fallait qu'il le découvre lui-même.

La joie est le cadeau secret de la compassion. Nous l'oublions sans cesse et, sans réfléchir, nous cherchons ailleurs. Mais chaque fois que nous retournons là où on souffre, nous obtenons un nouvel aperçu de cette joie qui n'est pas de ce monde.

5– Là où nous sommes

Il serait triste de penser qu'une vie de compassion est faite d'oubli de soi héroïque. En tant que mouvement descendant vers la solidarité, au lieu d'un mouvement ascendant vers la popularité, la compassion ne nécessite pas de gestes héroïques ou de revirement sensationnel. En fait, la vie de compassion est le plus souvent cachée dans la banalité du quotidien. Même la vie des personnes qui sont pour nous des exemples de compassion montre que ce mouvement descendant vers les pauvres était avant tout pratiqué dans la vie quotidienne, par des gestes simples.

La question importante n'est pas de savoir si nous imitons mère Teresa, mais si nous sommes ouverts aux nombreuses petites souffrances de ceux et celles qui partagent notre quotidien. Acceptons-nous de passer du temps avec des gens qui ne stimulent pas notre curiosité? Écoutons-nous les personnes qui spontanément ne nous attirent pas? Pouvons-nous éprouver de la compassion pour ceux dont les souffrances restent cachées des yeux de tous? Il existe beaucoup de souffrances cachées: la souffrance de l'adolescent sans sécurité; la souffrance des époux qui sentent que leur amour a disparu; la souffrance du riche chef d'entreprise qui pense que les gens s'intéressent beaucoup plus à son argent qu'à lui-même; la souffrance de l'homosexuel, homme ou femme, qui se sent isolé de sa famille et de ses amis; la souffrance de tous ces gens qui n'ont ni amis compréhensifs, ni travail satisfaisant, ni foyer paisible, ni quartier sécuritaire; la souffrance des millions de gens qui se sentent seuls et qui se demandent si la vie vaut la peine d'être vécue.

Dès que nous regardons vers le bas sur l'échelle de la vie, et non vers le haut, où que nous allions nous voyons la souffrance, et où que nous soyons nous entendons l'appel à la compassion.

La véritable compassion commence là où nous sommes.

6– Souffrir avec les autres

La compassion n'est pas synonyme de pitié. La pitié évoque la distance, voire la condescendance. J'agis souvent par pitié. Je donne de l'argent à un mendiant dans une rue de Montréal ou de New York, mais je ne le regarde pas dans les yeux, je ne m'assois pas avec lui, je ne lui parle pas. Je suis trop occupé pour être vraiment attentif à la personne qui réclame mon aide. Mon argent remplace l'attention que je devrais lui porter et me donne une excuse pour poursuivre mon chemin.

Être compatissant, c'est se faire proche de la personne qui souffre. Mais nous ne pouvons réellement nous faire proche de l'autre que si nous acceptons de devenir nous-mêmes vulnérables. Une personne compatissante dit: «Je suis ton frère; je suis ta sœur; je suis un être humain, fragile et mortel, tout comme toi. Je ne me scandalise pas de tes larmes et je n'ai pas peur de ta souffrance. Moi aussi j'ai pleuré. Moi aussi j'ai souffert.» Nous pouvons être avec l'autre seulement lorsqu'il cesse d'être «autre» et devient semblable à nous.

Voici peut-être pourquoi il est plus facile parfois de faire preuve de pitié que de compassion. La personne qui souffre nous renvoie à notre propre souffrance. Comment puis-je aider une personne seule si je n'ai pas assumé ma propre solitude? Comment puis-je me faire proche d'une personne handicapée si je refuse de reconnaître mes propres handicaps? Comment puis-je être avec un pauvre si je n'accepte pas d'avouer ma propre pauvreté?

Lorsque je réfléchis sur ma vie, je me rends compte que les moments de plus grand réconfort et consolation ont été ceux où quelqu'un m'a dit: «Je ne peux pas faire disparaître ta souffrance, je ne peux pas t'offrir de solution à ton problème, mais je te promets de ne pas te laisser seul et que je te soutiendrai aussi longtemps et du mieux que je le peux.» Notre vie contient beaucoup de peines et de souffrances, mais quelle bénédiction quand nous n'avons pas à les vivre seul! Voilà le cadeau de la compassion.

7– Ensemble en silence

Les moments de compassion véritable resteront gravés dans notre cœur pour la vie. Ce sont souvent des moments sans parole, des moments de silence profond.

Je me souviens d'une expérience bouleversante, où je me suis senti totalement abandonné; mon cœur était angoissé, mon esprit, fou de désespoir, mon corps tremblait violemment. J'ai pleuré, crié et frappé les murs et le plancher. Deux amis étaient avec moi. Ils ne disaient rien. Ils étaient là, tout simplement. Au bout de quelques heures, lorsque je me suis un peu calmé, ils étaient toujours là. Ils m'ont serré dans leurs bras et m'ont bercé comme un petit enfant. Puis nous nous sommes simplement assis par terre. Ils m'ont donné quelque chose à boire; je ne pouvais pas parler. Le silence régnait, un silence où je me sentais en sécurité.

Aujourd'hui, je considère cette expérience comme un point tournant dans ma vie. Je ne sais pas comment je m'en serais sorti sans mes amis.

Je me souviens également du jour où un ami est venu me voir pour me dire que sa femme venait de le quitter. Il s'est assis en face de moi, en larmes. Je ne savais pas quoi lui dire. Il n'y avait tout simplement rien à dire. Mon ami n'avait pas besoin de paroles. Ce dont il avait réellement besoin, c'était d'être avec un ami... J'ai pris ses mains dans les miennes et nous sommes restés ainsi en silence. Un instant, j'ai eu envie de lui demander pourquoi et comment cela s'était passé, mais j'ai senti que ce n'était pas le moment de lui poser des questions. C'était le temps de simplement rester ensemble comme des amis qui n'ont rien à se dire, mais qui n'ont pas peur de garder le silence ensemble.

Aujourd'hui, lorsque je repense à ce jour, je suis profondément reconnaissant que cet ami m'ait confié sa peine.

Ces moments de compassion continuent de porter fruit.

8– Donner et recevoir

L'une des plus belles caractéristiques d'une vie de compassion est qu'il y a toujours une réciprocité entre donner et recevoir. Quiconque vit réellement la compassion dira: «J'ai reçu autant que j'ai donné.» Ceux qui ont travaillé avec les mourants à Calcutta, ceux qui ont vécu avec les pauvres des bidonvilles de Lima ou des favelas de São Paulo, ceux qui se sont dévoués aux victimes du sida ou aux personnes avec un handicap intellectuel, tous sont profondément reconnaissants pour les cadeaux qu'ils ont reçus de ceux qu'ils venaient aider. Il n'existe sûrement pas de signe plus évident de la véritable compassion que cette réciprocité entre donner et recevoir.

L'une des périodes les plus mémorables de ma vie a été ce séjour dans la famille Osco Moreno à Pamplona Alta, près de Lima, au Pérou. Pablo, sa femme Sophia et leurs trois enfants, Johnny, Maria et Pablito, m'ont généreusement offert leur hospitalité, malgré leur grande pauvreté. Jamais je n'oublierai leur sourire, leur affection, leur joie de vivre, tout ceci au milieu d'une vie remplie par l'inquiétude de ceux qui chaque jour se demandent comment ils subsisteront. Je m'étais rendu au Pérou avec le désir ardent d'aider les pauvres. Je suis rentré chez moi profondément reconnaissant de ce que j'avais reçu en retour. Plus tard, alors que j'enseignais à la faculté de théologie de l'Université Harvard, je m'ennuyais souvent de «ma famille». Ils me manquaient, ces enfants suspendus à mon cou, s'accrochant à mes jambes et riant aux éclats, qui partageaient leurs biscuits et leurs boissons avec moi. Je m'ennuyais de la spontanéité, de l'intimité et de la générosité dont les gens de Pamplona Alta m'entouraient.

Ils m'inondaient littéralement de cadeaux d'amour. Nul doute qu'ils étaient heureux d'accueillir ce grand «Gringo Padre», mais ce que je leur ai donné n'est rien en comparaison de ce que j'ai reçu.

Nous n'avons pas à attendre les récompenses de la compassion. Elles se cachent dans la compassion elle-même. J'en suis convaincu.

9– Renvoyé à soi-même

Parfois, une vie de compassion offre quelque chose que nous ne sommes pas si pressés de recevoir: le cadeau de nous renvoyer à nous-même. Les pauvres au Pérou m'ont renvoyé à mon impatience et à mon profond besoin d'efficacité et de contrôle. Les handicapés de Daybreak me renvoient continuellement à ma peur du rejet, à mon grand besoin d'affirmation et à ma recherche continuelle d'affection.

Je me souviens très bien de l'un de ces moments de vérité. Pendant une tournée de conférences au Texas, j'avais acheté un grand chapeau de cow-boy pour Raymond, l'un des handicapés vivant dans la même maison que moi. J'avais hâte de rentrer pour lui remettre son cadeau.

Mais lorsque Raymond, dont les besoins d'attention et d'affirmation étaient tout aussi grands que les miens, a vu mon cadeau, il s'est mis à crier: «Je n'ai pas besoin de ton cadeau stupide. J'ai assez de cadeaux. Je n'ai plus de place dans ma chambre. Mes murs sont pleins. Tu ferais mieux de garder ton cadeau, je n'en ai pas besoin.» Ses paroles m'ont profondément blessé. Il m'a fait prendre conscience que je *voulais* être son ami mais que, au lieu de passer du temps avec lui et de lui offrir mon attention, je lui avais donné un cadeau dispendieux. La réaction colérique de Raymond devant le chapeau texan m'a placé face à mon incapacité à établir une relation personnelle avec lui et à développer une véritable amitié. Le chapeau, au lieu d'être une expression d'amitié, avait été perçu comme un substitut.

Il est clair que tout cela ne s'est pas produit consciemment, ni de mon côté ni de celui de Raymond. Mais, lorsque la crise de Raymond m'a conduit au bord des larmes, j'ai pris conscience que je pleurais, plus que tout, sur ma propre blessure intérieure.

Cette autoconfrontation est aussi un cadeau de la vie de compassion. C'est un cadeau très difficile à recevoir, mais qui peut nous apprendre beaucoup et nous aider dans notre propre recherche d'intégrité et de sainteté.

10–Le cœur de Dieu

Que signifie vivre dans le monde avec un cœur réellement compatissant, un cœur qui reste ouvert à tous, en tout temps? Nous devons être conscients que la compassion est beaucoup plus que la sympathie ou l'empathie. Lorsqu'on nous demande d'écouter les souffrances des gens et d'être sensibles à leur peine, nous atteignons rapidement nos limites émotives. Nous pouvons écouter seulement pendant une courte période et un nombre limité de personnes. Notre société nous bombarde de tellement de «nouvelles» sur la misère humaine que notre cœur devient vite engourdi par tant d'informations.

Mais le cœur compatissant de Dieu est sans limite. Le cœur de Dieu est plus grand, infiniment plus grand, que le cœur humain. Dieu désire nous donner ce cœur divin pour que nous puissions aimer toute personne, sans nous épuiser ou devenir insensibles.

Nous prions pour obtenir ce cœur compatissant quand nous disons: «Crée en moi un cœur pur, ô mon Dieu, renouvelle et raffermis au fond de moi mon esprit. Ne me chasse pas loin de ta face, ne me reprends pas ton Esprit Saint» (Psaume 50).

L'Esprit Saint nous est donné pour que nous puissions devenir participants de la compassion de Dieu et aider toute personne, en tout temps, avec le cœur de Dieu.

Chapitre IX

La famille

1– Quitter ses pères et mères

Pendant une bonne partie de ma vie, j'ai donné une interprétation assez littérale à ces paroles de Jésus: «Quitte ton père, ta mère, tes frères et tes sœurs pour me suivre.» Je considérais ces paroles comme une invitation à quitter sa famille pour se marier, entrer dans un monastère ou dans un couvent, ou partir au loin pour être missionnaire. Même si je me sens encore stimulé et inspiré par ceux et celles qui prennent une telle décision au nom de Jésus, à mesure que je vieillis, je découvre que ce «départ» a une signification encore plus profonde.

Dernièrement, j'ai pris conscience de l'énorme influence qu'exercent sur notre vie émotive nos relations avec nos parents et avec nos frères et sœurs. Souvent, cette influence est tellement forte que, même si nous avons quitté nos parents depuis longtemps, nous demeurons des adultes qui leurs sont attachés émotivement. Il y a quelque temps à peine, j'ai réalisé que je voulais toujours transformer mon père pour que ce dernier m'accorde l'attention que je désirais. Récemment, je me suis aussi aperçu que la vie intérieure d'un grand nombre de mes amis est encore dominée par des sentiments de colère, de rancune ou de désillusion provenant de leurs relations familiales. Même s'il n'ont pas vu leurs parents depuis longtemps, même lorsque leurs parents sont déjà morts, ils n'ont pas encore quitté la maison.

Tout ceci est encore plus vrai des personnes qui prennent conscience qu'elles ont été victimes d'abus sexuels. Cette découverte peut brusquement ramener des souvenirs d'enfance dans leur cœur et dans leur esprit de manière extrêmement douloureuse.

Dans ce contexte, l'appel de Jésus à quitter nos père et mère, nos frères et nos sœurs prend une signification toute nouvelle. Sommes-nous capables de nous libérer des liens émotifs qui nous limitent et qui nous empêchent de suivre notre vocation fondamentale? Cette question renferme des implications très sérieuses pour notre bien-être émotif et spirituel.

2– Libres pour suivre Jésus

Quitter son père, sa mère, ses frères et sœurs pour suivre Jésus est la tâche de toute une vie. Progressivement, nous réalisons comment nous nous cramponnons aux expériences tant négatives que positives de notre jeunesse, et combien il est difficile de les laisser tomber et de vivre notre vie. Quitter son foyer, qu'il ait été bon ou mauvais, est l'un des plus grands défis spirituels de notre vie.

J'avais quitté ma famille et mon pays depuis plus de vingt ans lorsque je suis devenu pleinement conscient que j'essayais encore de répondre aux attentes de mes parents. En fait, ce fut pour moi un choc de découvrir que plusieurs habitudes de travail, décisions de carrière et choix de vie étaient encore motivés par le désir de plaire à ma famille. Je voulais toujours être le fils ou le frère dont ils pourraient être fiers. Lorsque j'ai vu cela en moi, j'ai reconnu la même chose chez plusieurs de mes amis. Certains d'entre eux, qui avaient déjà de grands enfants, souffraient encore d'avoir été rejetés par leurs parents. D'autres, qui menaient des carrières impressionnantes et avaient reçu de nombreux prix et récompenses, espéraient encore qu'un jour leurs parents reconnaîtraient leurs talents. D'autres enfin, ayant souffert de nombreuses déceptions dans leurs relations personnelles ou professionnelles, continuaient de blâmer leurs parents pour leurs malheurs.

Plus nous vieillissons, plus nous découvrons la profondeur des racines qui nous lient à ceux qui ont été nos guides pendant nos années de formation.

Jésus veut nous libérer de tout ce qui nous empêche de vivre pleinement notre vocation; il nous veut libres de l'influence de quiconque essaierait de nous empêcher de connaître pleinement l'amour inconditionnel de Dieu. Pour atteindre cette liberté, il nous faut continuellement quitter notre mère, notre père, nos frères et sœurs pour oser le suivre... même là où nous aimerions mieux ne pas aller.

3– Le pardon et la reconnaissance

Le pardon et la reconnaissance sont deux des principales façons de quitter son père, sa mère, son frère et sa sœur. Pouvons-nous pardonner à notre famille de ne pas nous avoir aimés aussi bien que nous aurions voulu l'être? Pouvons-nous pardonner à notre père d'avoir été autoritaire, exigeant, indifférent, pas suffisamment affectueux, absent ou tout simplement de s'être intéressé davantage aux autres ou à d'autres choses qu'à nous? Pouvons-nous pardonner à notre mère de s'être montrée possessive, scrupuleuse, manipulatrice, préoccupée, dépendante de la nourriture, de l'alcool ou de la drogue, d'avoir été trop occupée, ou tout simplement plus préoccupée par sa carrière que par nous? Pouvons-nous pardonner à nos frères et sœurs d'avoir refusé de jouer avec nous, de ne pas avoir partagé leurs amis avec nous, de nous avoir parlé avec condescendance ou de nous avoir fait nous sentir stupides et inutiles?

Nous avons beaucoup à pardonner, non seulement parce que notre famille était moins affectueuse que d'autres, mais aussi parce que l'amour que nous avons reçu a été imparfait et très limité. Nos parents sont eux aussi les enfants de parents qui ne les ont pas aimés de manière parfaite, et même nos grands-parents ont eu des parents qui n'étaient pas parfaits!

Nous avons tellement à pardonner. Mais si nous acceptions de voir nos propres parents, grands-parents et arrière-grands-parents comme des gens ordinaires, désireux d'être aimés, mais possédant eux aussi de nombreux besoins insatisfaits, nous pourrions alors dépasser notre colère, notre ressentiment et même notre haine, et découvrir que leur amour limité est tout de même un amour réel, un amour pour lequel nous pouvons être reconnaissants.

Une fois que nous aurons réussi à pardonner, nous pourrons être reconnaissants de ce que nous avons reçu. Et nous avons tant reçu! Nous pouvons marcher, parler, sourire, bouger, rire, pleurer, manger, boire, danser, jouer, travailler, chanter, donner la vie, donner de la joie, donner de l'espérance, donner de l'amour. Nous sommes vivants! Notre père et notre mère nous ont donné la vie, et nos frères et sœurs nous ont aidés à vivre. Une fois que nous ne serons plus aveuglés par leurs faiblesses «évidentes», nous pourrons alors voir clairement tout ce pourquoi nous pouvons être reconnaissants.

4– Plusieurs pères et mères

Dans la pièce de théâtre *Conversation avec mon père,* un auteur célèbre vit sa vie en espérant qu'un jour son père, qui possède un petit bar à New York, lira ses livres et sera fier de lui. Mais cela ne se produit pas. Son père lui dit plutôt: «Je suis seulement Ed, je ne lis pas de livres, laisse-moi être moi-même.» Le fils finit par réaliser que c'est *lui* qui doit changer et qu'il doit aimer son père tel qu'il est. Alors ils peuvent devenir des frères.

L'une des choses les plus merveilleuses qui peuvent survenir dans toute vie humaine est que les parents deviennent des frères et des sœurs pour leurs enfants, que les enfants deviennent des pères et mères pour leurs parents, que les frères et sœurs deviennent des amis, et que la paternité, la maternité et la fraternité soient partagées entre tous les membres de la famille à différents moments et dans des occasions diverses.

Mais cela ne peut arriver sans départ. C'est seulement lorsque nous aurons brisé les liens qui nous gardent captifs d'un amour imparfait que nous pourrons être libres d'aimer ceux que nous avons quittés, notre père, notre mère, notre frère et notre sœur, et de recevoir leur amour de la même manière. C'est ce que Jésus veut dire lorsqu'il affirme: «Je vous le déclare, c'est la vérité: si quelqu'un quitte, pour moi et pour la Bonne Nouvelle, sa maison, ou ses frères, ses sœurs, sa mère, son père, ses enfants, ses champs, il recevra cent fois plus dans le temps où nous vivons maintenant: des maisons, des frères, des sœurs, des mères, des enfants et des champs, avec des persécutions aussi; et dans le temps qui viendra ensuite, il recevra la vie éternelle» (Marc 10, 29-30).

Quitter son père et sa mère est un phéno-
mène mystérieux: en effet, leur amour limité se
multipliera et se manifestera où que nous allions, parce que c'est seulement dans la mesure
où nous les quitterons que l'amour auquel nous
nous cramponnons pourra révéler sa véritable
source.

5– Être pardonné

Plusieurs d'entre nous non seulement *avons*
des parents, mais *sommes* nous-mêmes des parents. Cette simple vérité nous amène à réfléchir
parce qu'il est fort possible que nos propres enfants passent beaucoup de temps à parler de
nous avec leurs amis, leurs conseillers, leurs psy-
chiatres ou leur curé. Et nous qui avons tellement essayé de ne pas répéter les erreurs de nos
parents! Pourtant, si nous sommes plus tolérants
que nos parents, il est fort probable que nos
enfants nous reprochent de n'avoir pas été suffisamment sévères avec eux. Et il n'est pas impen-
sable que bien que nous nous soyons assurés que
nos enfants soient libres de choisir leur propre
mode de vie, religion ou carrière, ils nous con-
sidèrent comme des personnes faibles ayant peur
de donner des orientations claires!

La tragédie de notre vie est que, même si
nous souffrons des blessures infligées par ceux

qui nous aiment, nous ne pouvons faire autrement que de blesser les personnes que nous voulons aimer. Nous voulons tellement aimer de la bonne façon, bien nous occuper des autres, bien comprendre! Mais avant que nous ne devenions vieux, quelqu'un nous dira: «Tu n'étais pas là quand j'avais le plus besoin de toi; tu ne te souciais pas de ce que je faisais ou de ce que je pensais; tu ne me comprenais pas et tu n'essayais même pas de me comprendre.» En entendant ces remarques ou en recevant ces critiques des personnes que nous aimons, nous en venons à la triste conclusion que, tout comme il nous a fallu quitter nos parents, nos frères et sœurs, il faut qu'eux aussi nous quittent pour trouver leur propre liberté. Il est très pénible de voir ceux et celles à qui nous avons consacré notre vie nous quitter, souvent pour prendre des chemins qui nous remplissent de crainte.

C'est à ce moment que nous sommes appelés à croire sincèrement que toute paternité et toute maternité viennent de Dieu. Dieu est le seul parent capable de nous aimer comme nous le désirons et comme nous en avons besoin. Cette certitude, ancrée en nous, peut nous libérer, non seulement pour pardonner à nos parents, mais pour permettre à nos enfants de nous pardonner.

6– Les enfants sont des cadeaux

Être parent, c'est comme être l'hôte d'un étranger! Nous pouvons croire que nos enfants nous ressemblent, mais nous sommes sans cesse surpris de constater à quel point ils sont différents de nous. Nous pouvons nous réjouir de leur intelligence, de leurs talents artistiques, de leurs prouesses athlétiques, ou être attristés par leur lenteur à l'apprentissage, leur manque de coordination ou leurs goûts étranges. Sous plusieurs aspects, nous ne connaissons pas nos enfants.

Nous ne les avons pas créés et ils ne nous appartiennent pas. Voilà une bonne nouvelle. Nous n'avons pas à nous en vouloir pour tous leurs problèmes, et nous ne devrions pas non plus nous attribuer leurs succès.

Les enfants sont un cadeau de Dieu. Ils nous sont donnés pour que nous leur offrions un espace de sécurité et d'amour, où ils puissent grandir jusqu'à la liberté intérieure et extérieure. Ils sont comme des étrangers qui nous demandent l'hospitalité, qui deviennent de bons amis et qui nous quittent pour poursuivre leur chemin. Ils nous apportent d'immenses joies et de grandes peines, précisément parce qu'ils sont des cadeaux. Et un beau cadeau, comme le dit le proverbe, est «donné deux fois». Le cadeau que nous recevons, il faut que nous le donnions à notre tour. Lorsque notre enfant nous quitte pour poursuivre ses études, pour se chercher du travail, pour se marier, pour entrer en communauté ou tout simplement pour devenir indépendant, la souffrance et la joie se rejoignent. C'est à ce moment-là, en effet, que nous ressentons au plus profond de nous-mêmes que «notre» enfant n'est pas nécessairement «à nous», mais nous a été donné pour devenir à son tour un véritable cadeau pour les autres.

Il est tellement difficile de rendre leur liberté à nos enfants, particulièrement dans ce monde de violence et d'exploitation. Nous voulons tellement les protéger de tout danger possible. Mais c'est impossible; ils ne nous appartiennent pas. Nos enfants appartiennent à Dieu, et l'un des plus grands gestes de confiance en Dieu que nous puissions poser consiste à laisser nos enfants faire leurs propres choix et trouver leur propre chemin.

7– La douleur de l'amour

Notre plus grande peine vient souvent de notre incapacité à aider les autres, surtout ceux que nous aimons le plus. Un de mes grands amis avait hâte d'envoyer son fils à l'université après sa graduation de l'école secondaire. Il l'avait aidé à comparer les différentes universités et attendait son choix avec impatience.

Mais peu après la remise des diplômes, son fils est arrivé à la maison avec une fille à l'allure étrange qui conduisait une décapotable rouge. Il dit à son père qu'il partirait dans l'ouest avec son amie, qu'ils dormiraient sur le bord de la route et se trouveraient du travail quand ils n'auraient plus d'argent.

Mon ami ne pouvait s'empêcher de penser à la drogue, au sexe et à la folie, et il craignait pour la vie même de son fils. Et avec raison. Mais toutes ses supplications et ses mises en garde n'ont eu pour effet que de renforcer la détermination de son garçon à s'échapper de son milieu «bourgeois» pour explorer le «vrai monde».

La situation était très angoissante et les craintes de mon ami étaient beaucoup plus qu'imaginaires. Mais la question finale n'était pas: «Comment faire pour aider cet adolescent rebelle?» mais plutôt «Comment empêcher le père de se laisser détruire par son fils?» Je ne cessais de lui répéter: «Quoi qu'il arrive à ton fils, tu ne peux pas lui permettre de t'empêcher de dormir, de t'enlever l'appétit et de te priver de ta joie. Tu dois affirmer tes propres dons et talents en tant qu'homme et, plus que jamais, vivre ta propre vie.» Ce n'était pas facile pour moi de lui dire ces choses parce que je partageais ses craintes. Mais, même si le départ de son fils était douloureux pour lui, il devait le laisser partir, non seulement physiquement mais aussi émotivement. De cette façon, si son fils décidait de rentrer chez lui, il retrouverait un père en bonne santé.

8– Nos esprits soucieux

Les gens disent souvent: «Ne t'en fais pas, les choses vont s'arranger.» Mais nous nous inquiétons malgré tout et ne pouvons nous arrêter de le faire simplement sur commande. L'un des aspects les plus pénibles de la vie, c'est que nous nous en faisons beaucoup au sujet de nos enfants, de nos amis, de notre conjoint, de notre emploi, de notre avenir, de notre famille, de notre pays, du monde entier et de bien d'autres choses. Nous connaissons la réponse à la question de Jésus: «Qui d'entre nous parvient à prolonger un peu la durée de sa vie par le souci qu'il se fait?» (Matthieu 6, 27). Nous savons que le fait de nous inquiéter ne nous aide pas et règle aucun de nos problèmes. Malgré tout, nous continuons à nous faire du souci et par conséquent à souffrir beaucoup. Nous aimerions pouvoir cesser de nous inquiéter, mais nous ne savons pas comment. Même si nous sommes conscients que demain nous aurons sans doute oublié la raison de nos inquiétudes, il nous est impossible d'apaiser nos esprits anxieux.

Ma mère était une personne très aimante et qui priait beaucoup; elle s'en faisait beaucoup, surtout à mon sujet et au sujet de mes frères et sœurs. Lorsque je passais du temps à la maison, elle n'arrivait jamais à s'endormir avant d'être sûre que j'étais rentré à la maison sans incident. C'était le cas non seulement pendant mon adolescence, quand j'aimais sortir tard le soir avec mes amis, mais même après avoir voyagé au loin en avion, en train ou en autobus et m'être retrouvé dans des situations dangereuses. Chaque fois que je rentrais à la maison, que j'aie dix-huit ou quarante ans, ma mère restait éveillée, inquiète pour son enfant jusqu'à ce qu'elle sache que j'étais en sécurité dans mon lit!

La plupart d'entre nous sommes un peu comme cela. La vraie question est donc la suivante: pouvons-nous faire quelque chose pour réduire notre inquiétude et être davantage en paix? S'il est vrai que s'en faire pour quelque chose ne change rien à la réalité, comment alors pouvons-nous entraîner notre cœur et notre esprit à ne plus perdre de temps et d'énergie à

ruminer des inquiétudes qui ne font que gas-
piller nos forces? Jésus répond à cela: «Gardez
votre cœur fixé d'abord sur le Royaume de
Dieu.» Voilà une indication de la direction à
emprunter.

Chapitre X

Les relations

1– La complexité de l'intimité

Il est difficile d'aimer! Dans notre société, on chante, on écrit et on parle de l'amour comme du bel idéal auquel nous aspirons tous. Mais, alors que Madonna chante ses chansons d'amour et que de nombreux films nous permettent d'assister à des ébats amoureux des plus intimes, dans la réalité de tous les jours, l'amitié dure rarement très longtemps, plusieurs amants sont incapables d'être fidèles à leur partenaire, un très grand nombre de mariages vont mal ou se déchirent et de nombreuses communautés naviguent de crise en crise. Les relations humaines sont très fragmentées. Bien que le désir d'aimer n'ait jamais été exprimé aussi ouvertement, l'amour dans la vie quotidienne n'a jamais paru aussi brisé. Alors que dans notre société fortement compétitive la faim et la soif d'amitié, d'intimité, d'union et de communion sont énormes, il n'a jamais été aussi difficile d'apaiser cette faim et d'étancher cette soif.

Le mot clé est «relation». Nous voulons sortir de notre isolement et de notre solitude, et établir une relation qui nous procure un réconfort, un sentiment d'appartenance, de sécurité et de bien-être avec l'autre. Mais chaque fois que nous commençons ce genre de relations, nous découvrons rapidement la difficulté de nous faire proche d'une autre personne et la complexité de l'intimité entre deux êtres.

Lorsque nous nous sentons seuls et cherchons quelqu'un qui ferait disparaître notre solitude, nous perdons vite nos illusions. L'autre personne, qui peut nous avoir procuré pour un temps un sentiment de plénitude et de paix intérieure, se montre vite incapable de nous apporter un bonheur durable et, au lieu de nous libérer de notre solitude, elle ne parvient qu'à nous en révéler la profondeur. Plus nous nous attendons à ce qu'un autre être humain réalise nos désirs les plus profonds, plus elle est douloureuse, la prise de conscience des limites des relations humaines! De plus, notre besoin d'intimité se transforme facilement en exigence. Mais dès que nous commençons à exiger l'amour d'une autre personne, l'amour se transforme en violence, les caresses deviennent des coups, les baisers sont des morsures, un regard tendre se transforme en regard méfiant, l'écoute devient de l'indiscrétion et les relations sexuelles, des viols.

Quand on voit le lien étroit qui existe, dans notre société, entre le grand besoin d'amour et la terrible explosion de violence, nous nous retrouvons devant cette question essentielle: qu'est-ce qui rend l'amour si difficile?

2– Être appelés ensemble

Que signifie aimer une autre personne? De l'affection mutuelle, une compatibilité intellectuelle, un attrait sexuel, des idéaux communs, un arrière-plan économique, culturel et religieux commun, tous ces éléments peuvent être des facteurs importants pour assurer une bonne relation, mais ils n'amènent pas nécessairement l'amour.

Un jour, j'ai rencontré des jeunes gens qui voulaient se marier. Ils étaient tous deux très beaux, très intelligents, ils provenaient de familles similaires et s'aimaient beaucoup. Ils avaient passé plusieurs heures avec des psychologues qualifiés pour explorer leurs antécédents psychologiques et pour confronter leurs forces et leurs faiblesses émotives. À tous les égards, ils semblaient bien préparés au mariage et à une vie commune heureuse.

Mais une question demeure: est-ce que ces deux personnes seront capables de bien s'aimer, non pas pour un moment ou pour quelques années, mais pour toute la vie? Pour moi, à qui on avait demandé de les accompagner, ce n'était pas aussi évident que ça l'était pour eux. Ils se connaissaient depuis longtemps, étaient sûrs de l'amour qu'ils éprouvaient l'un envers l'autre, mais seraient-ils capables ensemble de faire face à un monde qui offre si peu de soutien à une relation durable? Où trouveraient-ils la force de rester fidèles l'un à l'autre en temps de conflit, de pressions économiques, de grande souffrance, de maladie ou de séparation nécessaire? Que signifierait pour cet homme et pour cette femme de s'aimer comme mari et femme jusqu'à la mort?

Plus je réfléchissais à cela, plus je me rendais compte que le mariage est d'abord et avant tout une vocation. Deux personnes sont appelées ensemble à remplir la mission que Dieu leur a confiée. Le mariage est une réalité spirituelle, c'est-à-dire qu'un homme et une femme s'unissent pour la vie, non seulement parce qu'ils éprouvent beaucoup d'amour l'un pour l'autre, mais parce qu'ils croient que Dieu les aime tous deux de son amour infini et qu'il les a appelés à être l'un pour l'autre des témoins vivants de cet amour. Aimer, c'est rendre présent l'amour infini de Dieu dans une communion fidèle avec un autre être humain.

3– Témoins vivants de l'amour de Dieu

Toutes les relations humaines, qu'elles soient entre parents et enfants, entre mari et femme, entre amoureux, entre amis ou entre les membres d'une même communauté, sont destinées à être le reflet de l'amour de Dieu pour l'humanité tout entière et pour chaque individu. C'est un point de vue assez rare, mais c'est celui de Jésus: «Aimez-vous les uns les autres comme je vous ai aimés. Si vous vous aimez les uns les autres, alors tous sauront que vous êtes mes disciples» (Jean 13, 34-35). Et comment Jésus nous aime-t-il? Il nous dit: «Je vous aime comme le Père m'aime» (Jean 15, 9). L'amour que Jésus nous porte est l'expression totale de l'amour de Dieu pour nous, puisque Jésus et le Père ne sont qu'un. «Les paroles que je vous dis à tous ne viennent pas de moi. Le Père qui demeure en moi accomplit ses propres œuvres. Croyez-moi quand je dis: je suis dans le Père et le Père est en moi» (Jean 14, 10-11).

Ces paroles peuvent sembler, de prime abord, irréelles et intrigantes, mais elles ont une implication radicale et directe sur notre façon de vivre nos relations dans le quotidien.

Jésus nous révèle que Dieu nous appelle à être des témoins vivants de son amour. Et nous le devenons en suivant Jésus et en nous aimant mutuellement comme il nous aime. Qu'est-ce que cela signifie pour le mariage, l'amitié et la communauté? Cela signifie que la source d'amour qui alimente ces relations n'est pas les partenaires eux-mêmes, mais Dieu qui les a appelés. S'aimer, ce n'est pas s'accrocher l'un à l'autre pour se sentir en sécurité dans un monde hostile, mais vivre ensemble de telle manière que tout le monde nous reconnaîtra comme des témoins de l'amour de Dieu. Non seulement la paternité et la maternité viennent de Dieu, mais c'est aussi le cas de toute amitié, du partenariat dans le mariage, de la véritable intimité et de la communauté. Lorsque nous vivons comme si les relations humaines étaient créées par l'être humain, donc sujettes à des changements de règles et de coutumes, nous ne pouvons rien espérer sinon la fragmentation et l'aliénation qui caractérisent notre société. Mais lorsque nous affirmons et proclamons sans cesse que Dieu est la source de tout amour, nous découvrons alors l'amour comme don de Dieu à son peuple.

4- La révélation de la fidélité de Dieu

Pour être authentiques, toutes les relations humaines doivent trouver leur source en Dieu et témoigner de l'amour de Dieu. Une des qualités les plus importantes de l'amour de Dieu, c'est sa fidélité. Dieu est un Dieu fidèle, qui remplit ses promesses et qui jamais ne nous abandonnera. Dieu a montré sa fidélité à Abraham et à Sarah, à Isaac et à Rébecca, à Jacob et à Rachel. Dieu a montré sa fidélité à Moïse, à Aaron et à tout le peuple en les conduisant d'Égypte jusqu'en Terre Promise. Mais la fidélité de Dieu va plus loin. Dieu ne se contente pas de vouloir être un Dieu *pour* nous, mais il est aussi un Dieu *avec* nous. On le voit en Jésus, l'Emmanuel qui marche avec nous, parle avec nous, meurt avec nous. En nous envoyant son Fils, Dieu veut nous convaincre de la fidélité inébranlable de son amour. Mais il y a plus. Lorsque Jésus nous quitte, il nous dit: «Je ne vous laisserai pas seuls, mais je vais vous envoyer l'Esprit Saint.» L'Esprit de Jésus, c'est Dieu *en* nous. La fidélité de Dieu nous est ici révélée dans toute sa plénitude. Par Jésus, Dieu nous donne l'Esprit pour nous aider à vivre de la vie divine. L'Esprit est le souffle de Dieu, c'est l'intimité qui existe entre Jésus et son Père. C'est la communion divine. C'est l'amour de Dieu qui agit en nous.

Cette fidélité de Dieu est au cœur de notre témoignage. Par nos paroles, mais surtout par notre vie, nous devons révéler au monde la fidélité de Dieu. Le monde ne s'intéresse pas à la fidélité, car celle-ci n'est d'aucune utilité dans la course au succès, à la popularité et au pouvoir. Mais lorsque Jésus nous appelle à nous aimer les uns les autres comme il nous a aimés, il nous appelle à des relations fidèles basées non pas sur les préoccupations terre à terre du monde, mais sur la connaissance de l'amour infini de Dieu.

Il est clair qu'être fidèle ne signifie pas tenir bon ensemble jusqu'au bout. Cela n'est pas un reflet de l'amour de Dieu. La fidélité signifie que chacune des décisions que nous prenons, au cours de notre vie commune, est guidée par la conviction profonde que nous sommes appelés à devenir des signes vivants de la présence fidèle de Dieu au milieu de nous. Cela exige une attention à l'autre qui va bien au-delà de toute obligation.

5– Être disciples ensemble

Le mariage est l'un des moyens de témoigner de l'amour fidèle de Dieu. Lorsqu'un homme et une femme décident de vivre leur vie de couple de cette manière, leurs relations prennent une toute nouvelle signification. L'amour qu'ils éprouvent l'un pour l'autre, sans égard à son contenu émotif, devient l'expression de leur engagement comme disciples de Jésus; c'est pourquoi leur principale préoccupation est de vivre cet engagement comme couple.

Pour beaucoup de gens, être disciple est une affaire personnelle ou même privée. Ils disent: «La religion, ça me regarde. Je ne veux pas que les autres viennent m'embêter dans la pratique de ma religion et je ne les dérange pas dans la leur.» Cette attitude apparaît même dans l'intimité du mariage. Un homme dit: «La religion de ma femme, c'est son affaire.» Une femme affirme: «Mon mari est entièrement libre pour ce qui est de sa religion.» Cette attitude ne reflète pas l'engagement de vivre ensemble comme des disciples. Le mariage, lorsqu'on le regarde «d'en haut», est une nouvelle communion créée par Dieu entre deux personnes pour que, par cette communion concrète et visible, un nouveau signe rende l'amour de Dieu présent dans le monde.

Lorsque deux êtres s'engagent à vivre leur vie ensemble, une nouvelle réalité apparaît: «Ils deviennent une seule chair», dit Jésus, c'est-à-dire que leur union crée un nouveau lieu sacré. Plusieurs relations ressemblent à des doigts entrelacés: deux personnes s'accrochent l'une à l'autre comme deux mains saisies par la peur. Elles s'assemblent parce qu'elles ne peuvent pas survivre individuellement. Mais comme elles s'accrochent l'une à l'autre, elles réalisent aussi qu'elles ne peuvent pas faire disparaître la solitude de l'autre. C'est là que des frictions surviennent et que la tension augmente, aboutissant parfois à une rupture.

Mais Dieu appelle l'homme et la femme à une tout autre relation. C'est une relation qui ressemble à deux mains jointes, en train de prier. Les bouts des doigts se touchent, mais les mains peuvent créer un espace, comme une petite tente. Un tel espace est créé par l'amour et non par la peur. Le mariage, c'est la création d'un espace nouveau et ouvert où l'amour de Dieu peut être révélé à l'«étranger»: l'enfant, l'ami, le visiteur.

Ce mariage devient un témoignage du désir de Dieu d'être au milieu de nous comme un ami fidèle.

6– Choisir nos amis

La vie spirituelle suppose constamment des choix. L'un des choix les plus importants est le choix des gens avec qui nous développons une relation intime. Nous ne disposons que d'un temps limité ici-bas. Avec qui et comment allons-nous le vivre? C'est sans doute la question la plus importante de notre vie. Ce n'est pas sans raison que les parents se préoccupent des personnes que leurs enfants amènent à la maison comme compagnons de jeu, comme amis ou comme amoureux. Ils savent qu'une grande partie du bonheur de leurs enfants dépendra de ceux et celles qu'ils auront choisis comme proches.

À qui demander conseil? Avec qui passer nos soirées libres? Avec qui partir en vacances? Parfois, nous parlons et agissons comme si nous n'avions que très peu de choix dans la matière. Parfois, nous agissons comme si nous pouvions nous compter chanceux que quelqu'un veuille être notre ami. Mais c'est là une attitude passive et même fataliste. Si nous croyons vraiment que Dieu nous aime d'un amour infini et inconditionnel, nous pouvons être confiants qu'il existe en ce monde des hommes et des femmes désireux de nous montrer cet amour. Mais nous ne devons pas nous contenter d'attendre passivement que quelqu'un se présente pour nous offrir son amitié. Confiants en l'amour de Dieu, nous devons avoir le courage et la confiance de dire à une personne par qui l'amour de Dieu est révélé: «J'aimerais apprendre à te connaître, j'aimerais passer du temps avec toi. Je voudrais devenir ton ami. Et toi?»

Nous essuierons des refus, nous vivrons la douleur du rejet. Mais si nous décidons d'éviter tout refus et tout rejet, nous ne réussirons jamais à créer un milieu où nous pourrons grandir et devenir plus forts dans l'amour. Dieu s'est fait homme pour que son amour soit révélé bien concrètement. Voilà la signification de l'incarnation. Cette incarnation n'a pas eu lieu seulement il y a très longtemps, mais elle continue à se produire pour ceux et celles qui croient que Dieu nous donne les amis dont nous avons besoin. Mais le choix nous appartient!

Chapitre XI

Qui sommes-nous?

1– Nous sommes les enfants bien-aimés de Dieu

Pendant notre courte vie, la question qui influence le plus notre comportement est: «Qui sommes-nous?» Bien que nous nous posions rarement cette question de manière directe, nous la vivons bien concrètement dans nos décisions quotidiennes.

Les trois réponses que nous donnons généralement par notre vie — nous ne les formulons pas toujours — sont: «Nous sommes ce que nous faisons. Nous sommes ce que les autres disent de nous. Nous sommes ce que nous possédons.» Autrement dit: «Nous sommes notre réussite, notre popularité et notre pouvoir.»

Il est important de réaliser la fragilité d'une vie basée sur la réussite, la popularité et le pouvoir. Cette fragilité vient du fait que chacune de ces trois composantes est un facteur externe sur lequel nous ne possédons guère de contrôle. La perte de notre emploi, de notre réputation ou de nos biens est souvent causée par des événements qui échappent complètement à notre contrôle. Mais lorsque nous en dépendons, nous sommes à la remorque du monde! Car alors, nous *sommes* ce que le monde nous donne. La mort nous enlève tout cela. Le mot de la fin devient alors: «Lorsque nous sommes morts, nous sommes morts!» Parce que quand la mort survient, nous ne pouvons plus rien, les gens ne parlent plus de nous, et nous ne possédons plus rien. Quand nous *sommes* ce que le monde fait de nous, nous ne pouvons plus *être* après avoir quitté ce monde.

Jésus est venu nous annoncer qu'une identité qui repose sur la réussite, sur la popularité et sur le pouvoir est une fausse identité... une illusion! Il nous dit haut et fort: «Vous n'êtes pas ce que le monde fait de vous; vous êtes les enfants de Dieu.»

2– Affirmer notre état de bien-aimé

La vie spirituelle requiert que nous nous rappelions sans cesse notre identité véritable: celle d'enfants de Dieu, de fils et de filles bien-aimés de notre Père du ciel. Par sa vie, Jésus nous révèle cette vérité mystérieuse. Après son baptême par Jean Baptiste dans les eaux du Jourdain, comme il remontait de l'eau, il vit les cieux se déchirer et l'Esprit, comme une colombe, descendre sur lui. Et une voix vint du ciel: «Tu es mon Fils bien-aimé, je mets en toi toute ma joie» (Marc 1, 11). C'est le moment décisif de la vie de Jésus. Sa véritable identité lui est annoncée. Il est le Bien-Aimé de Dieu. En tant que tel, il est envoyé dans le monde pour que, par lui, tous les humains découvrent et affirment qu'ils sont des bien-aimés.

Mais le même Esprit, qui est descendu sur Jésus et qui a proclamé son identité de Fils bien-aimé de Dieu, l'a également envoyé au désert pour être tenté par Satan. Satan lui a demandé de prouver qu'il était le bien-aimé de Dieu en changeant des pierres en pain, en se jetant du haut de la tour du Temple pour être transporté par les anges et en acceptant les royaumes du monde. Mais Jésus a résisté à ces tentations de réussite, de popularité et de pouvoir, en se rappelant sa véritable identité. Jésus n'avait pas à prouver au monde qu'il était digne d'amour. Il était déjà le Bien-Aimé et cela le rendait libre face aux jeux manipulateurs du monde, en restant toujours fidèle à la voix qui lui avait parlé au Jourdain. Toute la vie de Jésus a été marquée par l'obéissance, l'écoute attentive de celui qui l'a appelé le Bien-Aimé. Tout ce que Jésus a fait découlait de cette communion spirituelle intime. Jésus nous a révélé que nous, êtres humains pécheurs et blessés, sommes invités à cette même communion qu'il a lui-même vécue, que nous sommes les fils et les filles bien-aimés de Dieu tout comme lui est le Bien-Aimé, que nous sommes envoyés dans le monde pour proclamer à tous les humains qu'ils sont bien-aimés et que, comme lui, nous échapperons aux puissances destructrices de la mort.

3– La discipline de la prière

L'une des tragédies de notre vie est que nous oublions continuellement qui nous sommes et que nous perdons beaucoup de temps et d'énergie à prouver ce qui n'a pas à l'être. Nous sommes les fils et les filles bien-aimés de Dieu, non pas parce que nous nous sommes montrés dignes de l'amour de Dieu, mais parce que Dieu nous a choisis librement. Il est très difficile de rester fidèles à notre véritable identité parce que ceux qui veulent notre argent, notre temps et nos énergies profitent davantage de notre insécurité et de nos craintes que de notre liberté intérieure.

Il faut donc nous discipliner pour vivre dans la vérité et ne pas succomber aux séductions perpétuelles de notre société. Où que nous soyons, des voix nous disent: «Viens ici, va là, achète ceci, achète cela, apprends à le connaître, apprends à la connaître, ne manque pas ceci, ne manque pas cela, etc.» Ces voix ne cessent de nous éloigner de la douce voix qui retentit au cœur de notre être: «Tu es mon bien-aimé, je mets en toi toute ma joie.»

Prier, c'est se discipliner à écouter cette voix de l'amour. Jésus a consacré plusieurs nuits à prier pour entendre la voix qui lui avait parlé au Jourdain. Nous devons prier, nous aussi. Sans la prière, nous devenons sourds à l'appel de l'amour et nous confondons les diverses voix qui réclament notre attention. Comme c'est difficile à faire! Lorsque nous demeurons assis pendant une demi-heure — sans parler à personne, sans écouter de la musique, ni regarder la télévision, ni lire un livre — et essayons de demeurer immobiles, souvent, nous nous sentons tellement envahis par les voix bruyantes de notre âme que nous avons hâte de nous remettre à faire quelque chose et de nous distraire de nouveau. Notre vie intérieure ressemble parfois à un arbre rempli de singes sautant de branche en branche! Mais lorsque nous décidons de ne pas nous enfuir et de nous mettre à l'écoute, ces singes en viennent alors à disparaître, faute d'attention, et la voix tendre et douce qui nous appelle ses bien-aimés pourra progressivement se faire entendre. Jésus priait surtout la nuit. La nuit, c'est beaucoup plus que l'absence de soleil. Elle signifie également l'absence de sentiments satisfaisants et d'intuitions lumineuses. C'est pourquoi il est si difficile d'être fidèle. Mais Dieu est plus grand que notre cœur et que notre esprit, et il continue de nous appeler ses bien-aimés... bien au-delà de tout sentiment et de toute pensée.

4– Sans être victimes du temps

Chaque fois que nous nous rappelons que nous sommes des bien-aimés, notre vie s'en trouve élargie et approfondie. En tant que bien-aimés, notre vie s'étend bien au-delà des frontières de la vie et de la mort. Nous ne devenons pas des bien-aimés tout d'un coup lors de notre naissance, et nous ne cessons pas de l'être à l'heure de notre mort. Nous le sommes pour l'éternité. Dieu nous dit: «Je t'aime d'un amour éternel.» Cet amour était là avant l'amour de nos parents, et il sera présent bien longtemps après que nos amis auront cessé de se préoccuper de nous. C'est un amour divin, un amour infini et éternel.

C'est précisément parce que notre véritable identité est ancrée dans cet amour inconditionnel, illimité et infini, que nous pouvons cesser d'être les victimes du temps chronologique en vigueur dans notre monde. Celui-ci se mesure en secondes, en minutes, en heures, en jours, en semaines, en mois et en années. Notre temps, *chronos* en grec, peut devenir pour nous une obsession, surtout quand tout ce que nous sommes est centré sur l'horloge qui continue à avancer, que nous soyons éveillés ou endormis.

J'ai toujours été très conscient du temps. Je me demande souvent si je peux encore doubler le nombre de mes années. Quand j'avais trente ans, je me disais que je pourrais facilement en vivre trente autres. Quand j'ai eu quarante ans, j'ai songé que j'étais peut-être au milieu de ma vie. Aujourd'hui, je ne peux plus le dire, et la question que je me pose est devenue la suivante: «Comment vais-je utiliser les quelques années qui me restent à vivre?» Toutes ces préoccupations au sujet du temps viennent «d'en bas». Elles sont basées sur l'hypothèse que notre chronologie est tout ce que nous avons à vivre. Mais, vu d'en haut, selon la perspective de Dieu, notre temps est inscrit dans l'éternité amoureuse de Dieu. Vues d'en haut, les années que nous passons sur cette terre ne font pas seulement partie du *chronos* mais du *kairos* — un autre mot grec qui signifie temps —, une occasion de nous rappeler l'amour que Dieu nous offre de toute éternité. Ainsi, notre courte vie, au lieu de n'être que ces quelques années auxquelles nous nous accrochons, devient une occasion de salut pour répondre de tout notre cœur, de toute notre âme et de tout notre esprit à l'amour de Dieu, et devenir ainsi de véritables partenaires de la communion divine.

5– Se préparer à la mort

Certaines personnes disent qu'elles ont peur de mourir. D'autres affirment qu'elles n'ont pas peur. Mais la plupart des gens craignent vraiment de mourir. La lente détérioration du corps et de l'esprit, les souffrances d'un cancer qui s'aggrave, les effets dévastateurs du sida, devenir un fardeau pour ses amis, perdre le contrôle de ses mouvements, entendre ou se faire dire des demi-vérités, oublier des événements récents et le nom de ses visiteurs — ce sont toutes ces choses et d'autres encore que nous craignons réellement. Il n'est donc pas surprenant que nous disions parfois: «J'espère que ça ne sera pas long. J'espère que je mourrai subitement d'une crise cardiaque et non à la suite d'une longue et douloureuse maladie.»

Mais quoi que nous pensions ou espérions, nous ne pouvons pas prédire notre mort et il est inutile de nous inquiéter. Nous devons tout de même nous y préparer. Nous préparer à la mort est la tâche la plus importante de toute notre vie, du moins lorsque nous croyons que la mort n'est pas la destruction totale de notre identité mais plutôt le chemin vers sa révélation en plénitude. Jésus nous décrit la mort comme un moment où la défaite totale et la victoire entière se rejoignent. La croix sur laquelle Jésus est mort symbolise cette unité de la défaite et de la victoire. Jésus nous parle de sa mort en disant qu'il sera «élevé»: élevé sur la croix et élevé dans la résurrection. Jésus veut que notre mort soit semblable à la sienne, chassés du monde mais accueillis chez Dieu.

Comment alors nous préparer à la mort? En vivant chaque jour avec la certitude que nous sommes des enfants de Dieu, dont l'amour est plus fort que la mort. Il est inutile de spéculer et de nous inquiéter au sujet des derniers jours de notre vie, mais en faisant de chaque jour une célébration de notre identité de fils et de filles bien-aimés de Dieu, nous pourrons vivre nos derniers moments, qu'ils soient longs ou courts, comme des jours d'enfantement. Les souffrances de la mort sont comme les douleurs de l'accouchement. Par elles, nous quittons le sein de ce monde pour naître à la plénitude des enfants de Dieu.

Saint Jean l'affirme clairement: «Voyez combien le Père nous a aimés! Son amour est tel que nous sommes appelés enfants de Dieu — et c'est ce que nous sommes réellement. Voici pourquoi le monde ne nous connaît pas: il n'a pas connu Dieu. Mes amis, nous sommes maintenant enfants de Dieu, mais ce que nous deviendrons n'est pas encore clairement révélé. Cependant, nous savons ceci: quand le Christ paraîtra nous deviendrons semblables à lui, parce que nous le verrons tel qu'il est» (1 Jean 3, 1-2).

En affirmant ce que nous sommes déjà, nous nous préparons mieux à être ce que nous serons.

6– Rentrer chez soi

Notre vie est une occasion de dire oui à l'amour de Dieu. Mourir, c'est retourner «chez nous», vers cet amour. Voulons-nous rentrer chez nous? Il semble que tous nos efforts tendent à retarder le plus possible ce retour.

Dans sa lettre aux chrétiens de Philippes, l'apôtre Paul présente une attitude radicalement différente. Il écrit: «Je me sens tiré des deux côtés: je désire quitter cette vie pour être avec le

Christ, ce qui serait bien préférable; mais il est beaucoup plus important, à cause de vous, que je continue à vivre» (Philippiens 1, 23-24). Le désir le plus ardent de Paul est de s'unir complètement à Dieu en Jésus, et ce désir lui permet de considérer la mort comme un gain positif. Par contre, il désire également rester vivant en son corps pour pouvoir compléter sa mission. Cela lui donne l'occasion d'accomplir un travail qui portera du fruit.

Nous sommes à nouveau mis au défi de regarder notre vie à partir «d'en haut». En effet, alors que Jésus est venu nous offrir la pleine communion avec Dieu, en nous faisant partager sa mort et sa résurrection, que pouvons-nous désirer de plus que d'abandonner nos corps mortels pour atteindre le but final de notre existence? La seule raison pour nous de vouloir demeurer dans cette vallée de larmes peut être de poursuivre la mission de Jésus qui, comme son Père l'a envoyé, nous a envoyés dans le monde. Vue «d'en haut», la vie est une mission courte et souvent douloureuse, remplie d'occasions de faire grandir le Royaume de Dieu, et la mort est une porte ouverte qui nous conduit à la salle du banquet où le Roi lui-même nous servira.

Tout cela semble tellement... à l'envers! Mais c'est la manière d'être de Jésus, c'est le chemin qu'il nous invite à suivre. Il n'y a rien de morbide dans cette approche. Bien au contraire, c'est une vision joyeuse de la vie et de la mort. Tant que nous demeurons dans notre corps, prenons-en soin pour que nous puissions apporter la joie et la paix du Royaume de Dieu à ceux et celles que nous croisons sur notre route. Mais lorsque le temps est venu pour nous de mourir, réjouissons-nous de pouvoir rentrer à la maison et d'être unis à celui qui nous appelle ses bien-aimés.

Épilogue

En écrivant ces méditations, j'ai découvert qu'il y aurait beaucoup plus à écrire. C'est pourquoi cet épilogue est très artificiel. Il pourrait tout aussi bien servir de préface à plusieurs autres méditations. Mais je suis heureux de cette «conclusion ouverte», car elle m'encourage à pénétrer encore davantage le mystère divin en sachant qu'il est une source inépuisable de vie et d'amour. Je sais qu'il reste beaucoup de choses à écrire sur la vie spirituelle, chaque mot en appelant un autre, chaque livre en appelant un autre.

À vous qui avez lu en entier ou en partie ces méditations, je veux dire: n'arrêtez pas ici. Continuez par vous-même. Mes écrits avaient pour but de vous encourager à trouver vos propres mots, et mes pensées visaient à vous aider à découvrir les vôtres. Ce que j'ai écrit dans ce livre n'est que l'expression de mon propre itinéraire spirituel, lié à ma personnalité, à mon époque, à mon milieu et aux circonstances de ma vie. Votre itinéraire spirituel est tout aussi unique que le mien; il possède ses beautés particulières et ses frontières spécifiques.

J'espère que la description que j'ai présentée de l'amour de Dieu dans *ma* vie vous donnera la liberté et le courage de découvrir — et peut-être même de décrire — l'amour de Dieu dans *la vôtre*.

Table des matières

Chapitre VIII
La compassion

Chapitre IX
La famille

AGMV
MARQUIS
Québec, Canada
1999